Adolf Mussafia

Über die provenzalischen Liederhandschriften des Giovanni Maria Barbieri

Adolf Mussafia

Über die provenzalischen Liederhandschriften des Giovanni Maria Barbieri

ISBN/EAN: 9783742808066

Hergestellt in Europa, USA, Kanada, Australien, Japan

Cover: Foto ©Thomas Meinert / pixelio.de

Manufactured and distributed by brebook publishing software
(www.brebook.com)

Adolf Mussafia

Über die provenzalischen Liederhandschriften des Giovanni Maria Barbieri

ÜBER DIE PROVENZALISCHEN

LIEDER-HANDSCHRIFTEN

DES

GIOVANNI MARIA BARBIERI.

EINE UNTERSUCHUNG

VON

Dr ADOLF MUSSAFIA

WIRKL. MITGLIEDE DER KAIS. AKADEMIE DER WISSENSCHAFTEN.

WIEN, 1874.

IN COMMISSION BEI KARL GEROLD'S SOHN

BUCHHANDLER DER KAIS. AKADEMIE DER WISSENSCHAFTEN.

Aus dem Februarhefte des Jahrganges 1874 der Sitzungsberichte der phil.-hist. Classe der kais. Akademie der Wissenschaften (LXXVI. Bd., S. 801) besonders abgedruckt.

In meiner Abhandlung ‚del codice Estenso di rime provenzali'[1] hatte ich Gelegenheit des Giovanni Maria Barbieri zu gedenken. Dessen Sohn Lodovico schilderte sein Leben; die Schrift blieb unedirt,[2] bildete aber die Grundlage der Biographie Barbieri's, welche Tiraboschi in seiner Biblioteca modenese I 158 veröffentlichte. Giovanni Maria wurde im Jahre 1519 geboren; seine Eltern waren Bartolomeo, ein Advocat im Dienste des Hauses Rangoni, und Lodovica Ballerini,[3] welche, jedenfalls italienischer Abstammung, als Wiener Bürgerin bezeichnet wird. Er genoss eine sorgfältige Erziehung, und brachte mehre Jahre seiner Jugend halb als Studiengenosse halb als Correpetitor bei Mitgliedern der verschwägerten

---

[1] Sitzungsberichte der philosophisch-historischen Classe der kais. Akademie der Wissenschaften zu Wien, LV 559 ff.

[2] Eine nicht sehr correcte Abschrift des XVIII. Jahrh. findet sich auf fol. 51—57: der Hs. 6160 der Wiener Hof-Bibliothek, welche, ebenso wie 6161, einst der Familie Rangoni gehörig, eine grosse Anzahl Modenensia enthält. Vgl. Tabulae codicum IV 268 ff.

[3] In der Wiener Hs.: ‚Lodovica ..... Rialui', und am Rande ‚forse Bellinalni'; dieser Name ist dann gestrichen und die weitere Conjectur ‚Rialni' hinzugefügt worden.

1

4 Mussafia. [202]

Häuser Rangoni und Pico della Mirandola zu. Später in den
Dienst des Grafen Ludwig Pico getreten, begleitete er diesen
nach Frankreich, wo Beide bei Hofe volle acht Jahre[1] ver-
weilten. Heimgekehrt, erhielt Barbieri das Amt eines Ge-
meinde-Secretärs zu Modena; er brachte in dieser Eigenschaft
das Gemeinde-Archiv in schönste Ordnung und wurde mit
administrativen und literarischen Aufträgen vielfältig betraut.
Am 9. März 1574 starb er. Ausser lateinischen und italieni-
schen Gedichten, einer Chronik von Modena sammt einer
Sammlung von alten in Modena vorhandenen Inschriften,[2]
dann einer Vertheidigung Castelvetro's gegen Caro (die meisten
dieser Schriften sind unedirt) verfasste Barbieri unter dem
Titel ‚La guerra d'Attila'[3] einen Auszug aus dem altfranzösischen Gedichte des Nicolò da Casola. Sein wichtigstes Werk,
zu welchem er sich in reiferem Alter und nach weit ausholender
Vorbereitung anschickte, blieb leider unvollendet. Die letzten
Worte lauten: ‚imporrò fine al duodecimo capitolo, il quale
chiuderà il *primo* libro dell'*Arte del Rimare* di me Giovanni
Maria de' Barbieri'. Das Fragment blieb lange unedirt. Lodovico dachte schon im Jahre 1575 an eine Ausgabe; Giammaria
Castelvetro (ein Bruder des berühmten Lodovico) billigte den
Plan, meinte jedoch, die überaus zahlreichen provenzalischen
Stellen müssten in's Italienische übersetzt werden, perchè o
pochissimi o forse niuno in Italia si truovi, ancorchè studioso
della volgar eloquenza, che sappia che cosa sia lingua provenzale, non che la 'ntenda. Mit einem Briefe vom 18. Juli 1581
schickte Lodovico an Corbinelli in Paris eine Abschrift aller
provenzalischen Citate und berichtete zugleich über alles provenzalische Material, welches sein Vater hinterlassen hatte.
Dann verlautet von der Ausgabe nichts mehr, und erst im
Jahre 1790 entschloss sich Tiraboschi, das Werk seines gelehrten Landsmannes von der unverdienten Vergessenheit zu

[1] Die Wiener Hs. spricht von der ganz unglaublichen Zahl von 22 Jahren.
[2] Tiraboschi sagt: ‚Qualche raccolta ms. delle antiche iscrizioni, che si con-
servano in Modena, sussiste tuttora. Ma non è certo che sia quella dal
Barbieri formata.' Die Wiener Hs. enthält ebenfalls auf fol. 68—84 eine
solche Sammlung, mit der Bemerkung: ‚attribuita a G. M. Barbieri'.
[3] Erschien zu Ferrara 1568; eine zweite Ausgabe zu Parma, mit Vorreden
von Pederzini und Galvani, führt D'Ancona in seinem Attila (Pisa 1864; an.

retten. Er benützte zwei einander ergänzende Hss., worin er
Barbieri's Hand zu erkennen glaubte. Auch er sah die Noth-
wendigkeit ein, die Stellen aus den Troubadourliedern mit einer
Uebersetzung zu versehen, und nahm zu dem Zwecke die Hilfe
des Ab. Gioachino Pla ‚il più dotto e il più profondo poliglotto
per avventura che sia ora in Italia‘ in Anspruch. Tiraboschi
gab der Schrift den Titel: ‚Dell' origine della poesia rimata‘;
einen Titel, welcher für das erhaltene Fragment, das leicht als
ein selbstständiges Ganzes angesehen werden kann, nicht un-
passend ist. Im ersten Buche wird in der That ein Bild des
Ursprunges und der Entwickelung der Poesie — und zwar
fast ausschliesslich der Lyrik — bei den romanischen Völkern
— hier wieder mit Beschränkung auf Provenzalen und Italiener,
da der Abschnitt über die französischen Dichter von sehr ge-
ringem Belange ist - entworfen. Dass aber das erste Buch
nach Barbieri's Plane nur eine breit angelegte Einleitung war,[1]
während das eigentliche Werk eine Poetik hätte werden sollen,
erhellt aus dem ersten Capitel, welches Vorwort und Widmung

[1] Ich hebe aus Lodovico's Schrift folgende unedirte Stelle heraus. Er
erzählt wie sein Vater, von einer schmerzensvollen Krankheit gepeinigt
und sowol mit häuslichen als mit amtlichen Arbeiten überlastet, ‚vide
come il Castelvetro nel suo commento stampato sopra le rime del Petrarca
là nel Trionfo d'Amore, dove si fa mentione di Arnaldo Danielli, parlando de' poeti provenzali e del loro valore ne' componimenti in rima, dice
che ciò farà apparire Gio. Maria Barbieri. Per la qual cosa egli, pen-
sando più a l'onore proprio ed al giovar altrui che all'aggravio del male,
si diede a comporre nu' opera, la quale chiama Rimario, per essere il
soggetto d'essa la rima. E la intenzion sua era di partirla in due libri,
e di trattare nel primo libro che cosa sia rima, e la derivazione di tal
nome, d'onde al parer suo avesse principio tale trovato, e poi come
passasse l'uso d'essa a varie nazioni, e chi di ciascuna nazione fosse in
essa più famoso, e quali furono le cagioni d'innalzarla, e perchè i Provenzali più de gl'altri in questa s'avanzassero, e ne introducessero varie
forme. Di qui il Barbieri prende occasione di raccontare le vite di molti
poeti e trovatori di questa nazione, o le loro composizioni, ponendo solo
però i principi d'esse; nel quale racconto e capi di canzoni consuma
quasi un terzo del primo libro. E finitolo nel racconto de' poeti italiani,
li quali sebbene da' Provenzali la ricevettero, nulladimeno più perfetta-
mente di niun altro la hanno usata et aggradita, diede principio al
secondo libro; ma aggravato dal male ... morì ... e lasciò questa
opera nella parte sua essenziale manchevole, e nell' accidentale senza
revisione; onde se ne sta come abbozzo e come frammento irreparabile.‘

B   Miscellen.   [904]

an den Herzog Alphons II. enthält. Es beginnt: So Dante
Alighieri avesso così lasciato intiero come ci lasciò difettivo il
suo libro della Volgare Eloquenza, certamente egli avrebbe
così ben chiarita la cosa delle rime, che nessuno dopo lui non
averebbe avuta giusta cagione d'impiegarsi a scrivere libri in
materia dell' arte del rimare . . . . S' egli ci avesse lasciati i
quattro libri ch' egli intendeva di fare . . ., questa scienza del
rimaro sarebbe stata a' nostri tempi più nota. Er erinnert dann
an den Tractaten des Antonio da Tempo¹ und Ghidino da
Sommacampagna,² lontani molto l' uno e l' altro dal giudicio
e dallo facultà di Danto, i quali si occuparono in trattare cose
di poco rilievo, tacendosi del tutto, o parlando come per in-
cidente di quelle, che sarebbono state di utilità a sapere, e che
allora si sapevano comunemente per tutti i rimatori. Unter
den Provenzalen habe Raimon Vidal Las rasos de trobar³ ver-
fasst, nel quale altro poi finalmente non insegna che il diritto
uso della parlatura di Limosino, ch' era a quei tempi in pregio
non meno che al presente appo noi la favella toscana. Es
gebe wol ein sehr altes französisches Werkchen De speciebus
seu coloribus rhetoricae Gallicanae.⁴ Dieses könne jedoch den
Italienern wenig nützen, da es von Rotondelli, Cappelletti,
Bergerette, Fratras, Refrains, Lai und Virlai handle, nomi
poco ricevuti da gli scrittori Italiani fralle sue rime. Unter
den Neueren habe Bembo sehr schöne aber bei weitem nicht
genügende Bemerkungen zusammen gestellt; ein Vincenzo Cal-
meta habe neun Bücher della volgar Poesia geschrieben; der
Auszug davon, den er, Barbieri, gesehen habe, lasse jedoch
das Werk als unbedeutend erkennen. Von noch geringerem
Werthe sei Mario Equicola's Introdottorio al comporre in rima
in lingua volgare, ein armseliger Auszug aus Antonio da Tempo.
Die Schriften Trissino's, Minturno's, Danielli's seien voll classi-
scher Gelehrsamkeit; was aber die Kunst in italionischer Sprache
zu dichten betrifft, haben sie wenig Neues beigesteuert. Dies

¹ Herausgegeben von G. Grion als 20. Band der Collezione di opere
inedite etc. Bologna 1869.
² Herausgegeben von G. B. Giullari als 105. Publikation der Scelta di
curiosità letterarie Bologna 1870.
³ Vgl. unten lib. Mich. fol. 52.
⁴ Kennt man das Werk? Sehr alt war es jedenfalls nicht. Und war es,
trotz des lateinischen Titels, in französischer Sprache abgefasst?

Alles, meint Barbieri, sage ich, nicht um das Verdienst ausgezeichneter Männer zu schmälern, sondern um zu beweisen, che non essendo fin qui stato detto abhastanza nè compitamente dell' arto del rimare, io non senza giusta cagione mi sia messo a volerne esporre quello ch' io n' ho trovato e raccolto non solamente dagli uomini Italiani, ma da gli stranieri ancora di quelle nazioni, ch'ebbero fama di esserne stati i primi trovatori. Wir haben Grund zu bedauern, dass Barbieri durch den vorzeitigen Tod verhindert worden ist, sein Werk zu vollenden. Dass wir daraus gewiss Manches gelernt hätten, dafür bürgt uns das erhaltene Fragment. Wir werden da durch die Gründlichkeit der Methode, durch die Besonnenheit der Untersuchung, die sich stets auf gute Kenntniss der betreffenden Denkmäler stützt, durch das fortwährende Hinweisen auf reiches handschriftliches Material in sehr angenehmer Weise überrascht. Ja selbst in Aeusserlichkeiten zeigt sich die Genauigkeit des Verfassers. Bei den meisten Citaten werden die Quellen angegeben, und zwar sowol die Handschrift als die Foliozahl. Die Art des Mannes, welcher vor dreihundert Jahren gerade so arbeitete, wie wir es nun gewohnt sind, heimelt uns an; wir fühlen uns zu ihm, wie zu einem Studiengenossen, hingezogen. Am meisten interessiren uns jene Abschnitte des Werkes, welche von der Trouhadourpoesie handeln. Denn Barbieri hatte die provenzalische Sprache und Literatur zum Gegenstande seiner eifrigsten Beschäftigung gemacht. Nach den Berichten seines Sohnes benützte er den langjährigen Aufenthalt in Frankreich um unter der Leitung eines Secretärs der Königin, welcher Provenzalisch ausgezeichnet verstand, diese Sprache zu erlernen. Ferner gibt Lodovico in dem oben erwähnten Briefe an Corbinelli an, in den nachgelassenen Schriften seines Vaters hätten sich vorgefunden: 1. sechs eigenhändig geschriebene Bände provenzalischer Gedichte; 2. eine italienische Uebersetzung zahlreicher Lieder; 3. eine italienische Uebersetzung der Biographien. Endlich habe er in Erfahrung gebracht, Mons. Carnasecca besitze eine provenzalische Grammatik und ein Wörterbuch, die ebenfalls von seinem Vater herrührten. In Bezug auf die erste der letzteren Schriften sagt er dann in der Lebensbeschreibung, er habe in Padua, bei Herrn Giovanni Vincenzo Pinelli eine Uebersetzung einer provenzalischen Grammatik eingesehen und sogleich die Schrift seines Vaters erkannt.[1] Barbieri selbst citirt nun in seinem Werke beständig vier Handschriften, die er Libro di Michele, Libro in Assicelle,[2] Libro slegato und Libro Siciliano nennt. So lange wir zu einer anderen Annahme nicht gezwungen sind, lassen sich darin am Leichtesten vier von den oben erwähnten sechs Handschriften erblicken. Diese Handschriften genauer kennen zu lernen, sie durch Zusammenstellung der Citate, so weit es möglich ist, zu reconstruiren und deren Verhältniss zu den anderen bekannten Handschriften zu ergründen, schien mir eine die Mühe lohnende Aufgabe. Ich theile in folgenden Blättern das ganze Material und die Ergebnisse, die sich mir darboten, mit; ersteres deshalb, weil jene Fachgenossen, welche über reiche handschriftliche Sammlungen verfügen, durch Vergleichung der Varianten leicht zu weiteren Resultaten gelangen könnten, welche die von mir gewonnenen bestätigen oder modificiren. Ich beginne mit einer summarischen Darlegung des Inhaltes aller jener Abschnitte, in denen Provenzalisches zur Sprache kommt.

Im II. Capitel ,che cosa sia Rima' wird bemerkt, dass Provenzalen und Italiener die Formel suono e motto für rima gebraucht haben, und aus Ersteren die erste Strophe von Peire d' Alvernha's Chi bon vers agrad'auzir (o. A.)[3] und die erste von Arnaut Daniel's Autet e bas entrels prims fueills (o. A.) angeführt.

Das V. Capitel[4] handelt ,della propagazion della poesia per mezzo degli amori de' poeti', und es werden da zwölf

---

[1] Die Hs. Pinelli ist nunmehr die Ambrosianische D 465 inf. Dort stehen zwei Uebersetzungen des Donatus provincialis. Man wäre geneigt in einer derselben Barbieri's Arbeit zu erblicken, wenn auch bei dem Umstande, dass Dionor Las rasos de trobar kannte und wahrscheinlich besass, man bei einer von ihm verfertigten Uebersetzung einer provenzalischen Grammatik eher an Vidal's Werk denken würde.

[2] Die Abkürzung ist stets lib. Ass.; Tiraboschi nennt die Hs. Libro dalle Assie; Libro dalle Asse in meiner Abhandlung ist ein Druckfehler. Ich erkläre die Sigla als assicelle = Deckbrettchen.

[3] D. h. ohne Angabe der Hs., welcher das Citat entnommen worden ist.

[4] Da die Rubriken fast aller Capitel angegeben sind, mögen hier noch die des III. und IV. stehen: Dell' origine e dell' antichità delle rime — Propagazion della rima degli Arabi agli Spagnuoli e a' Provenzali. Letzterer Abschnitt ist wohl der schwächste des Werkes.

,novelle' von Troubadouren erzählt, deren Lieder durch Liebes-
abenteuer veranlasst wurden. Es sind theils wörtliche Uebersetzungen der Biographien, theils Auszüge aus denselben. Die zur
Sprache kommenden Dichter sind: Arnaldo Daniello,[1] Rambaldo
di Vaqueiras (o. A.), Pietro Vidale (o. A.), Arnaldo de Marveill
(o. A.), Gausolm Faidit (o. A.), Folchetto di Marsiglia, Guglielmo
di Saint-Leidier o Saint-Didier, Guglielmo da Capestaing,
Ramondo di Miraval, l'ons de Capdueill, Guglielmo di Balaon,
Jaufre Rudel di Blaia. Ueberall werden einzelne Strophen
oder Verse aus den Liedern der betreffenden Dichter angeführt.

Im VI. Capitel ,dell' avansamento delle rime per gli amori
de i nostri poeti d'Italia' ist die Rede von Solvaggia, die gewöhnlich (wegen Petrarca, Trionfi d'Amore IV 31) als Geliebte
Cino's da Pistoja bezeichnet wird. Barbieri wagt nicht zu
widersprechen, erlaubt sich jedoch einen Zweifel auszusprechen,
da er eine berühmte Selvaggia auch bei den Troubadouren findet.
Er führt zwei Stollen aus Amerigo di Belenuoi und je eine von
Ugo di Sansir und Lanfranco Cicala an.

Im VII. Capitel ,per opera o favore di quali uomini
grandi montassoro le rime in pregio' werden die Estensor ge-
rühmt und die bekannte Selbstbiographie von Maistre Ferari
mitgetheilt.

Im VIII. Capitel ,de i volgari che si hanno da avere in
consideraziono nel presente trattato per conto delle rime' werden
die provenzalischen Verse Dante's (Purg. XXVI ff.; Anfang und
Schluss der dreisprachigen Canzone) angeführt, dann der Vers,
welcher in Petrarca's[2] Lied Lasso me u. s. w. Aufnahme fand.

Im IX. Capitul ,de gli scrittori o rimatori franceschi' wird
,Derros' der Verfasser des Roman de Renart angeführt; del
qual libro non averei io qui fatta menziono, se in leggendo gli
scrittori provenzali non vi avessi trovati cotali nomi e novelle,
ohenti pone e racconta il prenominato autore, come in un serventese di Peiro Cardenal: Las amairitz u. s. w.

----

[1] In dieser Inhaltsübersicht gebe ich die von Barbieri an den betreffenden
Stellen gebotenen Formen; in der Beschreibung des Inhalts der Hss.
gebrauche ich dagegen für die Namen der Dichter die von Bartsch an-
gewandten Wortformen. Auch folge ich diesem Gelehrten bei der Wahl
der Sigla zur Bezeichnung der einzelnen Hss.

[2] Wenn Bartsch im Jahrh. XI 33 das Lied als Dante gehörig bezeichnet, so
ist dies ein Lapsus calami, welchen er selbst Jahrh. XIII 26 berichtigt.

Das X. Capitel (S. 95—138) handelt ‚de i trovatori provenzali‘. Nach einigen Bemerkungen über die Sprache, beginnt er mit der Aufzählung der Dichter. Zuerst spricht er, der bekannten Stelle Petrarca's folgend, vom Aeltesten: Peire d'Alvernhe, dann * Giraud de Borneill, [1] und da Dante Diesem Arnaut Daniel vorzog, wird hier auch Dieser besprochen, und dessen Freundschaft mit Bertran de Born erwähnt. Ein eigener Abschnitt ist dann Letzterem gewidmet. Wahrscheinlich durch die Erwähnung von Bertran in den Cento novelle antiche kommt Barbieri nun auf Rigaut de Barbezill zu sprechen, dessen Lied *Atressi com l'olifans* (o. A.) vollständig mitgetheilt wird. An Petrarca wieder anknüpfend wird Folquet de Marseilla erwähnt und das ganze Lied *Tan m'abelis* (o. A.) gedruckt. Es folgen *Peire Vidal, Gauselmo Faidit. Als Petrarca von dem man famoso Arnaldo sprach, mag er *Arnaut de Marveill gemeint haben; da aber unter den Provenzalen andere Dichter dieses Namens vorkommen, so mögen sie erwähnt werden: Arnaut Plages, Arnaut Catalans, Arnaut Tintinhac. Als Petrarca sagte: l'uno et l'altro Raimbaldo, so verstand er unter dem Einen gewiss Raimbaut de Vaqueiras; unter dem Anderen kann man Raimbaut d'Aurenga oder Raimbaut Deira verstehen. Drei Amerighi findet der Verfasser: Aimeric de Belenusi, Aimeric de Peguillan, Americ de Sarlat. Unter den Ughi gab es Uc de Samsir, Uc da Pena, *Uc Lo-brus, Uc de Bersie. Bei Letzterem wird Folquet de Romans erwähnt, und bei dieser Gelegenheit auch über Diesen berichtet. Zu den Ughi wiederkehrend, wird noch Uget de Mataplana angeführt, und einige Verse seines Liedes *D'un serventes* mitgetheilt. Bei dieser Gelegenheit wird auch der Streich berichtet, welcher Raimon do Miraval gespielt wurde und zu Uc's Serventes Veranlassung gab. Der Guglielmi gibt es Viele: *Guilem de Capestanh, *G. de Saint Leidier, *G. de Balaon, welche, da sie früher zur Sprache kamen, den Verfasser nicht mehr aufhalten dürfen. Dann G. de Berguedam, G. de Salanhac, G. Magret, *G. de Biais o de Biarn, *G. de Dur Fort, G. Montanagò, G. de Saint Grigori, G. de la Tor, *G. Figera, über welchen Amerigo di Peguillan und Sordello je eine Cobla dichteten. Doch genug der Guglielmi

---

[1] Ich bezeichne mit einem Sternchen die Namen jener Dichter, von denen an der betreffenden Stelle keine Verse citirt werden.

e passiamo ad altri d'altri nomi diversi l'uno dall'altro, secondo
che mi si presenteranno dinanzi: Maistre Miquel de la Tor;
Bertrams ancora della Torre, a cui mandò il Dolfino la seguente
stanza: *Mawret* u. s. w.; Daude de Pradas; Bernard de Pradas
(o. A.); *Gui, *Netbles e *Peire Elias (o. A.) tutti cognominati
D'Cisel; *Bernart de Ventadorn; *Pons de Capduill; Lafranc
Cigala; Raimon Vidal; *Perol d'Alvernia; Elias Cairel; Elias
Fonsalada; Elias de Bariol; l'eire Cardenal; *Marcabrus; Laquet
Cataluze; Oirot lo Ros; Giraut d'Esphanha; Cadenet; Gui de
Cavaillon und Bertram Folcon, welche mit einander coblas
wechselten; Pistoleta; Peire Raimon und Albertet de Sestaru,
welche beide das Haus Malaspina hochpriesen; Alegret; *Bertran de Lamanò; le Monges do Ponsibot o de Poi Cibot; le
Monge de Montaudon. Es folgt endlich eine Reihe von Dichtern,
von denen nur der Name angegeben wird. Wir theilen später
das Verzeichniss mit. — Es folgen die Frauen: Maria de Ventadorn; Contessa de Dia; Loubarda; Alamanda; *Guiscarda,
über die Beltram del Bornio eine Strophe dichtete; Na Tibors;
Niseus de Cassion und Nalnunes da Castelnovo, welche mit
einander coblas wechselten.

In XII. Capitel ,de' nostri rimatori d'Italia'[1] werden die
einzelnen bei Dante's de vulgari eloquio erwähnten Dichter
besprochen, darunter Sordello.

Schon aus diesem Auszuge lässt sich eine kleine That-
sache erkennen; dass nämlich die sechs ersten Blätter von b
(Darb. XLVI. 29), welche im vorigen Jahrhunderte geschrieben
wurden, nichts Anderes als eine Sammlung der von Barbieri
angeführten Stellen sind. Nur sind die Blätter verstellt und
müssen nach folgender Concordanz in Ordnung gebracht werden:
Das jetzige 5. soll das 1. werden;

6. = 2.
1. = 3.
2. = 4.
3. = 5.
4. = 6.

[1] Das XI. Capitel handelt ,del Siciliani'.

Die Sammlung reicht nur bis zum Citate aus Uc de Saint
Circ *Lonjamen ai atenduda* (S. 114 des Druckes). Die bei-
gegebene Uebersetzung wird gewiss die nämliche sein, welche
im Drucke erscheint, und so mag Plä, wenn nicht der Schreiber,
so wenigstens derjenige gewesen sein, welcher die Sammlung
von Barbieri's Citaten, etwa als Vorarbeiten zum Drucke, veran-
lasste. Einen kleinen Unterschied zwischen b und dem Drucke
finden wir darin, dass während Letzterer für den Gebrauch der
Verbindung von *so* und *mot* nur zwei Beispiele anführt, b noch
drei Belegstellen anführt. Es könnte allerdings möglich sein,
dass dieser Zusatz von dem Sammler der Citate Barbieri's
herrühre; weil natürlicher aber scheint mir die Annahme, Barbieri habe in sein Werk fünf Stellen aufgenommen, die Plä
alle übersetzte; und der Herausgeber, Tiraboschi, habe dann
deren zwei für genügend erachtet und die drei letzten unter-
drückt.

Die Versa, welche Bartsch Jahrb. XI 39—35 aus dem
ersten Theile von b mittheilt, stimmen fast immer genau mit
dem Drucke überein. Nur hie und da kleine Abweichungen.
So hat der Druck in Petrarca's Liede die verderbte Lesart:
Dreitz e raison as qu'ien ciant d'amors,[1] b dagegen die richtige *em demori*. Vgl. auch beim Citate aus Gaucelm Faidit,
wo der Druck *Chansos, vai tost e corren;* bei Bartsch *vai
ten tost*.

Aus dem Gesagten erhellt, dass dieser erste Theil von b
nicht éine Handschrift darstellt, da sich hier Fragmente aus
allen von Barbieri benützten Handschriften vereinigt finden.
Daher dürften auch in Bartsch's Verzeichnisse alle Hinweise,
welche auf diesen Theil von b sich beziehen, am besten weg-
bleiben.

---

[1] Ueber diese so weit verbreitete Variante vgl. Crescimbeul II 28. Man
kann kaum begreifen, wie sich dieselbe gegenüber der den älteren Com-
mentatoren wol bekannten *demori* behaupten konnte, da doch der Reim
fiori das Richtige zeigte. Einige Ausgaben haben *d'amouri, d'amori;*
dem Reime zu Liebe arbeitete man nicht den Hybridismus der Sprache.
Barbieri entlehnte wol den Vers den Ausgaben Petrarca's; er scheint
nicht das Lied in seinen Hss. gehabt zu haben.

Es folgen nun Barbieri's Citate, nach den Handschriften geordnet, denen sie entnommen sind.

A. Libro di Michele.

Fol. 1. MIQUEL DE LA TOR, che raccolse al suo tempo in un libro molte rime d'altri trovatori, come egli dice nel principio di esso libro, con queste sue parole:

> Maistre Miquel de la Tor de Clarmon del Vernhesi escrius aquest libre estant en Monpeslier etc.

Sieh fol. 68.

Fol. 2.

Fol. 3. MARCABRUS, che fu scrittore di serventesi, ma con minor leggiadria e dignità (d. h. als Peire Cardinal, der unmittelbar vorher genannt wurde) o fu quasi come un Burchiello tra' Provenzali.

Fol. 4. GUILEM DE DURFORT da Caors, di cui si leggono due serventesi. In der That schreibt C diesem Dichter zwei Lieder zu; von denen eines — Quar suy petit ni met en razon larga — sich nur in dieser Hs. findet, das andere — En Raimon beus tene a grat — nur von dieser Hs. dem Guillem de Durfort zugewiesen wird; R nennt den Dichter Raimon de Durfort; nach anderen Hss. gehört das Lied Turc Malec.

Auf demselben Blatte fand sich noch:

Fol. 4. PEIROL D'ALVERNHA. Barbieri gibt nur die Biographie, die er ein wenig abkürzt. Der Mann von Dona Saill heisst Bernard, statt Bernaut.

Fol. 5. 6.

Fol. 7. SORDEL. Di sue rime in lingua di sì non ho io fin qui veduta cosa alcuna; ben n'ho vedute molte nel volgare di lingua d'oc, e fralle altre una canzone che comincia:

> Aitan ses plus viu hom quan viu jauzens
> C'autre viure nos deu vid'appellar,
> Per so m'esfors de viur' e de renhar
> Ab joi per leis plus coratjozamens

Servir, qu'ieu am; quar bom que viu amarritz
Non pot de cor far bos faitz ni grazitz;
Doncs es merce sim fai la plus grazida
Viure jauzen, pos als nom ten a vida.

Das Lied ist in CFIKMRde enthalten, die erste
Strophe in D°.

Fol. 9. GUILLEM DE SALANHAC che cantò per la
contessa di Burlatz figliuola del conte Raimondo di Tolosa, di
cui dice nella chiusa di una sua canzone:

Pros comtessa, sobrenom avetz ver
Car gen burlatz [1] e metetz vostr'aver
E faitz tezaur de fin pretz benestan,
C'autra dompna del mon non val aitan.

Es muss das Lied *A cus cui tenc per domn's per seignor*
gemeint sein, welches in Ce unserem Dichter (C *Salinhac*, e
-anh-), in R aber Gui d'Uisel zugeschrieben wird. J hat nur
die erste Strophe, und zwar anonym. Das Lied wurde von
Raynouard III 394 [2] abgedruckt. Den oben angeführten Versen
entsprechen bei ihm folgende:

Bella dompna, de vos puesc dir en ver
Que do fin pretz, d'amicx e de poder
Creyssetz totz jorns eus anatz melhuran,
Qu'autra dompna del mon ges no val tan.

---

[1] Bedeutet wol ,verschwenden‘ oder mehr optimistisch ,freigebig vertheilen'.
Es ist das *perchè burlì?* von Inf. VII 30. Sind andere provenzalische
Beispiele bekannt?

[2] Rayn. nennt den Dichter Giraut de S.; wol aus Versehen, da keine Hs.
diese Angabe bietet. — Es möge bei dieser Gelegenheit hier eine Bemerkung Platz finden. Ce enthalten ein anderes Lied Guillem's de S.:
Per solatz e per deport. Bartsch verzeichnet es unter Guiraut de S. und
zwar nach B. Aber sowol Meyer in seiner Beschreibung von R als Bartsch
selbst in der Chrest. geben an, in R finde sich nur der Anfangsbuchstabe
G. und dann *de Solouhas*. Wenn wir letzteren Namen nach Ce richtig
stellen, so müssen wir nunmehr diesen Hss. bei der Erklärung der Ini-
tialis folgen. — Nach Bartsch findet sich dieses Lied in C wiederholt,
und zwar dieses Mal dem Aimeric de Belenoi zugeschrieben. Aus dem
Catal. des mss. etc. ersehen wir aber, dass es unter Blacasset Jorda sich
findet; da Aimeric unmittelbar vorangeht, so erklärt sich leicht das kleine

Raynouard dürfte seinen Text eher C als R entnommen
haben. Wie liest letztere IIs.? In c lautet die Strophe wie
bei Rayn., nur mit folgenden Varianten: 1 *Bell'amia el v.*
4 *Car hom non pot far meills son benestan.* [1]

In diesen Versionen fehlt demnach die Anspielung auf
den Namen der Gräfin. Von dieser Dame wussten wir bisher
nur, dass sie von Arnaut de Maroill besungen worden; da wir
von Guillem's de Salinhac Leben sonst keine nähere Kunde
haben, so fehlt uns das Mittel Barbieri's Angabe, welche vielleicht nur den angeführten Versen entnommen ist, zu con-
troliren. Wie verhält es sich mit diesen Versen? Ist die
Raynouard'sche Version die ächte, und die Anspielung später
hineingetragen worden? Oder wurde die ursprüngliche Version, welche I.Mich. bietet, durch Beseitigung der Anspielung
modificirt? Letzteres erscheint glaubwürdiger. Es verlohnte
sich der Mühe, der Sache nachzugehen.

Auf demselben Blatte auch:

Fol. 9. GUILLEM DE DIARN di cui abbiamo una can-
zone, che corre artificiosamente per tutte lo stanze con le otto
ultime parole dei versi prese nella prima stanza. Dies passt
genau zum Liede *Si col maistre vai prendre* C D R c. — Am
Rande dieser Notiz findet sich ,lib. Mich. car. 9. N7.' Da wir
nun bloss dieses Lied Guillem's kennen, so nimmt uns die
Angabe von zwei Stellen Wunder. Sollte das Lied im Lib.

Verschen von Bartsch. In der That findet sich in R's Verzeichnisse
unter Aimeric kein Hinweis auf dieses Lied, und unter Raimon Jorda
wird, als in C enthalten, ein Lied *Par solatz e per deport* verzeichnet.
Das Bruchstück bei Raynouard zeigt überdies, dass dieses Lied von dem
Guillem's de Ballahac ganz verschieden ist. Es folgt daraus, dass C nicht
etwa das Lied Guillem's zwei Mal, sondern zwei Lieder mit gleichem An-
fange enthält. Die Worte ,Aimeric de Belenol C" sind in Bartsch's Ver-
zeichnisse 249,4 zu streichen. — Endlich sei bemerkt, dass die beständige
Verwechslung zwischen Guillem und Guiraut de B. sich auch beim Lied
Tot en aital separaum wiederholt; nach Bartsch schreiben es sowol D als
M dem Guiraut zu; was M betrifft, kann man daran zweifeln, denn die
Abschrift g nennt den Dichter Guillem de Salenic (eine Variante von
Salinhac).

[1] Ich verdanke die Mittheilung der Lesart von c der Güte meines Freundes
E. Monaci in Rom.

Mich. zwei Mal vorgekommen sein? Oder enthielt diese Hs.
noch ein Lied, das von Guillem herrührte, oder ihm wenigstens
zugeschrieben wurde? Oder beruht endlich die Zahlangabe auf
einem Versehen?

Fol. 10. GUILLEM MAGRET che fece la canzone che
comincia:

> Aiga puoia contramos
> Ab fum, ab ouibla et ab ven.

Es sind die zwei ersten Verse eines Liedes, das in D E
I K T e unserem Dichter zugewiesen wird; C R Guillem Ade-
mar, W anonym.

Fol. 11.

Fol. 12. GUILLEM DE MONTAIGNAGOUT, poeta
morale nelle sue canzoni, delle quali l'una comincia:

> Nuilla hom no val ni deu esser preats
> S'aitan can pot en valor non enten.

Das Lied findet sich in A C E F I K M R T d e f.

Auf demselben Blatte:

Fol. 12. GUIRAUDOT LO ROS del tempo del Delfino
d'Alvernia, che fu quegli che disse:

> Vous la dereira chanso
> Que jamais auzireta de me.

Es sind die ersten Verse eines in C D E R e enthaltenen
Liedes. In C D lautet das erste Wort aujatz (auzatz), in R
Vec vos, in E Deus, das auf Vous zurückführt, in e wie bei
Barbieri.

Fol. 13. AIMERIC DE BELENOI; eine kurze Biographie, die bis auf kleine Weglassungen mit der bei Raynouard übereinstimmt.

Vgl. noch Lib. in Asc. fol. 105.

Fol. 14. JAUFRE RUDEL. Die Biographie bei Raynouard mit geringfügigen Abweichungen. Bei den Citaten
macht hier Barbieri eine Ausnahme und gibt auch die Zahl
des betreffenden Liedes an.

Canz. 3, Str. 2.

> Amor de terra londana,
> Per vos totz lo cors mi dol,
> E non puex trobar mecina
> Tro vengal vostre reclam.

Es sind die vier ersten Verse der zweiten Strophe von *Quan lo rius de la fontana* A B C D E I K M R S U e. Aus Stimming's Ausgabe ersieht man, dass die Lesung des 4. Verses M e eigenthümlich ist, während die anderen Hss. *si non vau, s'ieu non vau, si non al, si nom val, s'eu non a val* bieten.

Canz. 3.[1]

> Entre grec e tramontana
> Volgra esser ins el mar.

Die ersten zwei Verse einer unächten Strophe, welche nur in e vorkommt. Nach Stimming liest e *dins*.

Canz. 4, Str. 2.

> Quel cor joi d'autr'amor non a
> Mai d'aisella que anc no vi.

Sie gehören zu *No sap chantar quil so no di*, C E M R e e[2]. Im 2. Verse bieten C M und e[2] starke Varianten, E R e lesen wie Barbieri. Im 1. weicht auch R ab; nur E e wie Barb.

Canz. 6, Str. 2.

> Ai! car mi fos lai pelegris,
> Si que mos futz e mos tapis
> Fos pels sicus bels huoills remiratz,

Die drei letzten Verse einer Strophe von *Lanquan li jorn son lonc en mai* A B C D E I K M R S e, dem Gaucelm Faidit in W zugeschrieben. Die Strophen folgen einander nicht überall in gleicher Ordnung; unsere Strophe ist die zweite nur in C W e. — Das 'libro di Michele' enthielt demnach alle sechs[2] Lieder Jaufre's, auch *Bels m'es l'estius* und *Pro ai del chant*, die nur in C e enthalten sind.

---

[1] Hier fehlt die Angabe der Strophe.

[2] Ce haben ein siebentes *Lanquan lo temps renovella*, von Bartsch nach der letzten Strophe Grimoarts zugeschrieben. Möglich dass das libro di Michele auch dieses Lied, und zwar als Jaufre gehörig, enthalten hat.

Fol. 15. LANFRANC CIGALA fu de' nostri d'Italia e Genovese, ma compose canzoni in Provenzale, come quella in lode della Vergine, che comincia:

> En chantan d'aquest seigle fals
> Ai maint'obra perduda,
> Don cre aver pena (l. -as) mortals
> Si merses no m'aiuda;
> Perque mos chans si muda
> E vueil l'ofrir
> Lai don venir
> Mi pot complida aiuda,
> Sol no sia irascuda
> La Maire Deu cui mos chantar saluda.

Nur in C I K d e.

Auf demselben Blatte:

Fol. 15. LUQUET CATALÜZE, cho fece un serventese della pugna del re Manfredi, di Carlo d'Angiò e di Corradino per lo reame di Cicilia, il quale comincia:

> Cora qu'iou fos marritz e consiros

Es folgen noch drei Verse. Das Lied findet sich nur in e, welche Hs. auch die gleiche Form des Namens des Dichters bietet. Aus e wurde das Lied durch Bartsch bei Schirrmacher, Die letzten Hohenstaufen (Göttingen 1871) abgedruckt; die vier ersten Verse stimmen buchstäblich mit Barbieri's Text überein. — Am Rande dieser Notiz über Luquet findet sich ,lib. Mich. car. 15 e 51'; diese Hs. enthielt demnach wenigstens zwei Lieder dieses Dichters. Das andere mag die Tenzone mit Bonifacio Calvo gewesen sein, die in a enthalten war.

Fol. 16.

Fol. 17. AIMERIC DE PEGUILHAN citato da Dante in una canzone che dice:

> Si com l'albre quo per sobrecargar
> Fraah si mezeus e port son fruit e se,
> Ai ieu perdut ma bella done (-n') e me
> E mos engenhs s'es fraitz per sobramar.

In den meisten Hss. enthalten.

Fol. 17. 18. GAUCELM FAIDIT. Im V. Cap. wird als fünfte „Novella‘ die Geschichte der Liebe des Dichters zu Maria de Ventadorn erzählt, aber, wie schon oben bemerkt, o. A. der Quelle. Im X. Cap. ist wieder die Rede vom Dichter, und der erste Theil der Biographie (= Mahn VII) wird mitgetheilt. Als Beispiel der häufigen Erwähnung des Marquis von Monferrato in Gaucelm's Liedern werden angeführt:

Chansos, vai [ten] tost e corren
Al pros Marques, de cui es Monferratz;
Dill que greu m' es, car lai non soi tornatz.

Aus dem Geleite von *Som poguer partir mon roler*, einem Liede, das in den meisten Hss. vorkommt.

Fol. 19—24.

Fol. 25. BERNART DE VENTADORN; nur die Biographie, welche der bei Raynouard abgedruckten entspricht.

Fol. 26. 27.

Fol. 28—32. ARNAUT DE MARUEIL. Nur wenige biographische Angaben: er war aus dem Bisthume Poiregors, schön, von armer Abkunft, dichtete gute Lieder, sang gut und las gut Romane vor. Am Rande ‚lib. Mich. 28 c 32', was wol besagt, dass dessen Lieder auch die mittleren Blätter füllten.

Auf diesen Dichter folgte jedenfalls unmittelbar:

Fol. 32. ARNAUT DANIEL. Unter den Novellen des V. Capitels betrifft die erste diesen Dichter. Es ist eigentlich nur eine kurze, der Biographie entnommene Notiz: gran maestro d'amore, il quale amò un' alta donna di Guascogna d'Aguismonte moglie di Guglielmo di Bouville, dalla quale nondimeno ‚con tutto il suo cantare tanto esaltato dal Petrarca e da Dante‘ non fu creduto che mai ottenesse piacere alcuno per conto d' amore. Daran schliessen sich die drei Verso *Ieu soi Arnautz* u. s. w. in gleicher Lesung wie in der Biographie an; während aber letztere nicht angibt, welchem Liede sie angehören, mag Barbieri sich die Mühe genommen haben, es herauszufinden; er bemerkt, sie seien aus dem Schlusse von *En cest sonet coind's leri*. Dann führt Barbieri, von der Biographie unabhängig, fort: Ma pel contrario disse in un'altra canzone

Ans quel sim reston dels brancas
Sec ni despoillat de fueilla
Farai, c'amors m'o comanda,
Breu chanso de razo lonja,
Que gen m'a duoit de las arts de sa escola;
Tant ssi quel cors fauc restar de Suberna
E mos bou es plus correns que lebres.

In zahlreichen Hss. enthalten.

Fol. 33. Aus diesem Blatte werden dann im X. Capitel
Arnaut's Verse angeführt:

Arnautz tramet son chantar d'ongla o d'onche
(l. oncle)
Ab grat de lieis que de sa verja l'arma
An Desirat, c'ab pretz dim (l. dins) cambra intra.

Die unrichtige Stellung im ersten Verse statt *d'oncle e
d'ongla* auch in C. Die Sestine wird von Barbieri auch ander-
wärts citirt. Bei Erwähnung von Guilem's de S. Gregori Sestine
Ben grans avoleza intra wird bemerkt, dass sie eine Nach-
ahmung von Arnaut's *Lo ferm voler quel cor misnra* (sic!) sei;
am Rande ,Mich. Car. '; den für die Ziffer leer gebliebenen
Raum können wir nun mit 33 ausfüllen. Sonderbar ist der
Fehler *misnra* statt *m'intra*, da er gerade das in Frage stehende
Verhältniss der zwei Lieder verwischt.

Fol. 34.

Fol. 35. FOLQUET DE MARSELHA. Aus der ausführlicheren Biographie wird jene Stelle mitgetheilt, in welcher
die Liebe des Dichters zu Azalais de Roca Martina erzählt
wird; von der Gemalin Wilhelms von Montpellier ermahnt nicht
zu verzweifeln, dichtete er folgendes Lied:

Tant mou de cortesa razo
Mos chantars che noi dei faillir,
Enans hi dei meills avenir
C'sac non fis; e diraus so
Que l'emperairitz men somo,
E pleyram fort que mon gequis
S'ill m'o sufris,
Mas car ill' es sim'e rais

D'ensenhamen,
Nos cove c'al sieu mandamen
Sia mos sabers flacx ni lens,
Ans tanli que doble mos engens.

Fol. 36.

Fol. 37. GUIRAUT D'ESPANHA che fece canzoni in provenzale come quella che comincia:

S'ieu en pastor non chantava

e:

Qui on pastor non chanta non par gais.

Beide Lieder sind nur in CE enthalten. *Pastor* ist selbstverständlich ein Versehen für *pascor*. Rührt es von dem libro di Michele her? Oder hat sich Barbieri, oder Plà verlesen?

Fol. 38.

Fol. 39. ELIAS CAIREL mostra che egli fosse innamorato in Grecia per gli sottoscritti versi:

Vers, iost e corren ten passa
Tot dreg lai en terra grega;
Madona, sill platz, t'entenda
C'autra res nom pot rebre.

Eines der Geleite von *Ara no ei poi ni comba* A C D E G H I K N R. Vgl. über den Dichter Lib. Sicil. fol. 7.

Fol. 40—42. RAIMBAUT DE VAQUEIRAS. Eine Erzählung über ihn unter den Novellen des V. Capitels; siehe unten, E III. Im X. Capitel einige Daten aus dem Anfange der Biographie; fu messo in credito per Guglielmo del Haus principo d'Aurenga. Als Beispiel des Namens *bel cavalier*, womit Raimbaut Beatrice bezeichnete, wird aus fol. 41 angeführt:

Bel cavalier, en vos ai m'esperansa,
[E] car vos es del mon la plus prezans,
E la plus pros, nou mi deu esser dans,
Car vos mi des conseill e fort fermansa.

Erstes Geleit von *Eram requier sa costum'e sos us.* A C D D' E M P R T U, anonym in O.

Als Zeugniss, welches der Dichter über die vom Markgrafen Bonifaz erhaltenen Wohlthaten ablegt, wird aus fol. 42 angeführt:

Valen marques sonhor de Monferrat,
A Dieu graziec, car vos a tant onrat
Que mais aves mes e conquos e dat
C'oun sos corona de la Crestianadat,
5 E laus en Dieu, che taut m'a onaneat
Que bon sonhor ni molt en vos trobat,
Que m'aves gen noirit et adobat
E fait gran be e de bas aut point
E de nien fait cavalier prezat,
10 Grazit en cort e por donus lauzat.

Der Beginn des ersten unter den drei Briefen des Dichters
an den Markgraf. Findet sich in C E J R. Zuletzt von Stengel
(Riv. di fil. rom. I 32) abgedruckt; sein Text entspricht genau
dem oben stehenden. Es möge daran erinnert werden, dass
die Verse 8. 9 wol bei R (und Raynouard), nicht aber in C E
verstellt sind.

Fol. 43.

Fol. 44. CADENET, che si ben seppe celarsi in amore
che si diceva ch' egli s'intendeva in un loco et amava in un
altro, onde dice:

    Lauzengiers, grazidaus sia
    L'onor quem faitz ab mentir,
    C'a totz faitz cuidar o dir
    Qu'iou am tal per drudaria,
    On anc jorn non aic mon volor
    Et ab mentir cobretz lo ver.

Letzte Strophe von *Acom dona ric coratge*. A B C D D E
F G I K N O P R S T U C.

Fol. 45.

Fol. 46. DAUDE-DA PRADAS, che fece canzoni amo-
rose ed un libretto intitolato *Romans dels auzels cassadors*. Aui
Rande ,Mich. 46 e 98'; was wol so zu deuten ist, dass auf
fol. 46 die Lieder, auf 98 das didactische Gedicht Daude's
begannen.

Fol. 47.

Fol. 48. PISTOLETA, il quale appare che fosse signore
di castello per gli seguenti versi:

Dompna, mon cor e mon castel vos re[n]
E tot cant ai, car es bella e pros.

Aus *Ar agues eu mil mars de fin argen*, diesem Dichter in C D I K T zugeschrieben.

Fol. 49.

Fol. 50. PEIRE RAIMON che molto si ritrasse allo maniere di Arnaldo Daniello o fu celebratore di casa Malaspina, como quando disse:

Chanso, vai mi tost retrar [e comtar]
Az Aura Mala o dim al bou marques
Messer Colrat qu'en lui a tans de bes,
Porc'om lo deu Sobretotz apelar.

Das Geleite von *Si com celui qu'a servit son seignor* C I F G I K a d; auch in P c, wo das Lied dem Blacasset zugeschrieben wird.

Fol. 51. LUQUET CATALUZE. Siehe fol. 15.

Fol. 52. RAIMON VIDAL de Bezaudu nou solo fu trovatore, ma compose ancora il libro *las rasus de trobar*. E sue canzoni furono:

Entrel Taur el doble signe

e:

Bel m'es can l'erba reverdis.

Das erste Lied ist nur in C vorhanden; das zweite wird nur von C dem Raimon zugeschrieben; in einer anderen Hs., E, wird Arnaut de Tintignac als der Verfasser bezeichnet. Der Genauigkeit zu liebe wollen wir bemerken, dass die Angabe „Mich. Car. 52" sich eigentlich am Rande der ersten Zeilen findet, wo von dem grammatischen Werke die Rede ist; es unterliegt dennoch keinem Zweifel, dass die Angabe sich auf die Lieder bezieht. Schwerlich hat Barbieri Vidal's Grammatik ebenfalls in LMich. gehabt.

Fol. 53 -56.

Fol. 57. ARNAUT PLAGUES, del quale fu una canzone che comincia:

Ben es razos qu'ieu retraia
Una chansoneta gaia.

Nur in E diesem Dichter zugeschrieben; C R nennen Arnaut
Catalan, A D^a I K Peire Bremon Ricas Novas als den Vorfasser.

Fol. 58. BERTRAN D'ALAMANO molto buon poeta
così per canzoni como per serventesi.

Fol. 59. 60. PEIRE CARDINAL. Im IX. Capitel bei
Gelegenheit des *Roman de Renart* werden aus fol. 59 angeführt:

> Las annairitz qui [e]ncolpar las vol
> Respondon be a la lei d'Isengri.

Die zwei ersten Verse eines Liedes, welches in A C D^a I
K M P R T V enthalten ist. C I M R weichen im 2. Verse ab.
Im X. Capitel wird er unter den Troubadours aufge-
zählt: là dui tempi del secondo Federico, fu scritture di serventesi, ne' quali a modo di sermoni si biasima il male e loda
il bene, come si fa in quello che incomincia:

> De sirventes faire nom meill, (l. tueill)
> E dirai vos razo perque;
> Car azir tort aisi com sueill
> Et am dreit si com fis ancse;
> E qui c'aia autre trezor,
> Ieu ai leialtat en mon cor,
> Taut que nemic meu son li desleial,
> E si por so m'aziron, no men cal.

Erste Strophe eines Serventes in C D^a I J K M R T d.

Fol. 61. 62.

Fol. 63. GUILLEM DE SAINT-LEIDIER. Unter den
Novellen wird der letzte Theil der grösseren Biographie mitgetheilt, d. h. die Liet, welche der Dichter anwandte, damit
der eigene Mann der von ihm geliebten Frau um Gnade für
ihn bitte. Della bene avventurata canzone la prima stanza fu
questa:

> Dompnu, ie[u] vos sui meautgiers,
> Et el vers entendetz de cui,
> E salut vos de part selui,
> Cui vostre joi alegr'e pais,
> E dic vos be deves lui mais
> Vostre meautges vertadiers
> Serai del vers, qui qael vos chan.

Die Angabe über die Hs. steht am Rande im Beginne
der Erzählung. Die Biographie selbst wird wol nur den Anfang der Strophe geboten haben; das ganze Lied könnte Barbieri auch aus anderen Hss. gekannt haben; wahrscheinlicher
ist es, dass er es im libro di Michele gehabt habe. Es ist enthalten in A B C D G I K M Q R V, anonym in O R².

Im X. Capitel noch eine kurze Notiz aus dem Beginne
der Biographie: G. de S.-L., un ricco castellano di Vellaic[1]
del vescovado del Puei Sancta Maria, uomo onorato per arme,
per larghezza e per poesia.

Fol. 64. 65.

Fol. 66. UC DE SAINT CIRC ai tempi del conte
Ramondo di Tolosa, che fece più canzoni e fra le altre questa
seguente:

> Lonjamen ai atenduda
> Una razon avinen,
> Don fezes chanso plazen,
> Mas encor no m'es venguda,
> Donex si vueil de la razon
> Que [ai][2] far vera chanso,
> Ella sora megpartida,
> Chanso joios'e marida,
> Lauzan del ben c'ai agut
> E planhen car l'ai perdut.

In A B C D F I K R T.

Fol. 67. UC DE PENA d'un castello ch'è nel Genovese et essendo giocolare cantava le altrui canzoni e ne fece
ancora delle sue come quella:

> Totz aitals mi soi com sueill
> Francx e fis é amoros.

---

[1] Bel Rayn. ns rics castellas de Noaillac, in B (nach Mahn) de Veillac,
in A (nach Bartsch) Vellac wie bei Barb. I K scheinen nach Bartsch's
Darstellung (Jahrb. XIII 20) wie Rayn. zu lesen. Was haben E R?

[2] Die Auffassung scheint ein Druckfehler zu sein, da die Uebersetzung
lautet: ,della ragione che ho, far vera canzone'.

Die Notiz entspricht der kurzen Biographie bei Raynouard (aus A I K); nur heisst es hier, Uc wäre ,d'Agenes'
gewesen, was Barbieri [1] missverstanden hat.

Fol. 68. MIQUEL DE LA TOR; scrisse delle sue
[rime] in soggetto del suo amore, di cui dico in una canzone:

> En Narbone era plantatz
> L'albre queu fara murir,
> Et en Montpeslier es cazatz
> En molt bon luec senes mentir.

Am Rande ,Mich. Car. 1 e 68'; nun ist es mehr als
wahrscheinlich, dass Miquel, der Compilator der Sammlung,
nicht schon im Beginne ein eigenes Lied wird aufgenommen
haben. Die erste Ziffer bezieht sich demnach wol auf die
kleine (oben unter fol. 1) angeführte Einleitung: die zweite
auf Miquel's sonst ganz unbekanntes Lied, von dem Barbieri
uns ein Bruchstück gerettet hat.

Auf demselben Blatte:

Fol. 68. BEATRIZ DE DIA con una sua canzone in
dolersi del suo vago, non men bella che la pistola di Saffo a
Faone:

> A chantar m'es d'aco qu'ieu non volria,
> Tan mi rancur de lui, cui sui amia,
> Car ieu l'am mais de nuilla ren que sia;
> Ves lui nom val merses ni cortezia
> Ni ma beutatz ni mos pretz ni mos sens,
> C'autresi sui enganad'e traia
> Com degr'esser, si fos desavinens.

A B C D I K L R a b, anonym in G N W, una donna de
Tolosa M. Vgl. Lib. in Ass. Fol. 196.

Fol. 69.

Fol. 70. RAIMBAUT D'AURENGA, che fu buon trovatore ed amò per amore la contessa di Urgel figliuola del
marchese di Busca, per rispetto della quale disse nella fine
d'una sua canzone:

---

[1] So auch andere Italiener; vgl. Crescimbeni II 102, welcher den auch
von ihm früher begangenen Irrthum berichtigt.

Er vueill preiar
Vers ab ditz clar
Que lai en Urgel s'apresenta.

Name und Abstammung dieser von Raimbaut geliebten Dame finden sich in der Biographie des Dichters, welche Vellutello in seinem Commentare zu Petrarca's Trionfi mittheilt.[1] Hat Barbieri den Commentar (die erste Ausgabe erschien im Jahre 1525) benützt, oder fand er selbstständig in irgend einer Quelle die Notiz? Ersteres ist wahrscheinlicher. Woher Vellutello diese uns in keiner Handschrift bewahrte Biographie Raimbaut's haben mag? Seine anderen Biographien folgen treu den provenzalischen Berichten;[2] es ist also, wie Bartsch richtig bemerkt, kaum anzunehmen, dass er diese einzelne erfunden habe.[3] Welchem Liede Raimbaut's die drei oben angeführten Verse gehören, gelang mir nicht zu entdecken.

Fol. 71. ARNAUT TINTINHAC, che dissa:
Lo joi comen[s] en un bel mes
En la meillor sazo de l'an.

[1] Er war der Erste, so viel ich weiss, der es unternahm, die Stelle Petrarca's über provenzalische Dichter zu erklären. In dem sehr weitläufigen Commentar des Bernardo Illicino, welcher vor Vellutello für die Trionfi fast ausschliesslich das Feld behauptete, findet sich nur folgende Stelle: Nachdem der Vf. über Dante, Cino etc. berichtet, nennt er noch Sennuccio und merkwürdiger Weise auch Piero d'Alvernia, de' quali citando opere venute a nostra cognizione; degli altri confessaremo non avere più spedita notizia, volendo più presto a insolsla che a temerità essere ascritti. Vellutello's Nachfolger (Gesualdo, Daniello etc.) schreiben ihn ab, gewöhnlich abkürzend.

[2] Aus welcher Hs. stammen Vellutello's Biographien? Da er auch die von Uc de Pena mittheilt, so kommen nur A I K in Betracht; K gehörte Bembo an, von dem man weiss, dass er die Lebensbeschreibungen der Troubadours übersetzte. Vielleicht verarb er Vellutello mit den betreffenden Nachrichten.

[3] Dazu kommt, dass Mario Equicola's Libro di natura d' amore dasselbe berichtet: fu signore di Aruegna, amò lungamente Mad. Maria di Vertfoil, poi s'innamorò della buona contessa di Urguel lombarda. A costei mandò una canzoni per un joglare, detto Rosciagiol. Die erste Ausgabe von Equicola's Werk erschien 1525 (mir liegt erst die von 1561 vor); eine gegenseitige Benützung zwischen Equicola's und Vellutello's Werken ist demnach unmöglich. Auch weichen die anderen Berichte Equicola's mehrfach von denen Vellutello's ab. Um so wichtiger ist die Uebereinstimmung bezüglich Raimbaut.

3

Die zwei ersten Verse eines Liedes, das in C E R c unserem Dichter, in D I K aber Peire de Valeira zugeschrieben wird. E D c *Lo* (c *La*) *joi*, C *Lo vers*, I *Mon joi*.

Fol. 72.

Fol. 73—75. RAIMON DE MIRAVAL. Unter den Novellen des V. Capitels findet sich ein grosser Abschnitt aus der grösseren Biographie, vom Beginne bis zur Anführung des Liedes *S'ieu* u. s. w. Im Laufe der Erzählung werden zwei der darin aufgenommenen Citate ebenfalls mitgetheilt; und zwar die zwei Verse Peire Vidal's und folgende vier von Raimon:

Bona donna nos deu d'amar gequir,
E pos tant fai c'az auor s'abandona
No seu cug trop ni massa non o lir (l. tir),
Que meins en val totz faitz quil desmanzona (l. -azona);

beide Male jedoch unterbleibt die in der Biographie enthaltene Angabe des Liedes, dem die citirten Verse angehören. Der kleine Abschnitt der Biographie: *qua non a mais dos ans bis desobre me* fehlt bei Barbieri, und somit sind auch die zwei Verse *Passat so* u. s. w. ausgefallen. Während dann am Schlusse die Biographie, wenigstens nach Raynouard's Texte, nur die vier ersten Verse von *S'ieu* u. s. w. anführt, druckt Barbieri die ganze Strophe ab:

> S'ieu en chantar soven
> No m'atur ni m'aten,
> Non cuidetz que sabers
> Men failla ni razos
> Ni talans amoros,
> Quel plus de mos volers
> Es en joi et en chan,
> E de razon ai tan
> Que chantar en poiri' assatz,
> Mas tot can sai no vueill sapchatz.

In A B C D E I K N R b. Barbieri wird das Lied gewiss im LMich. gehabt haben.

Die Frau, welche Raimon der Loba vorzog, wird von der bei Raynouard und Rochegude gedruckten Biographie bloss

marqueza de Menerba genannt, bei Barbieri heisst sie Gent
Esquieu de Monerba. So nur P, welche Handschrift jedoch,
aller Wahrscheinlichkeit nach, von Barbieri nicht benutzt
wurde.

Im X. Capitel dann erzählt Barbieri mit wenig Worten
und ohne Namen zu nennen, wie Raimon sich von der dich-
tenden Gemalin trennte, um eine andere zu hoirathen, welche
ihn aber im Stiche liess; e cosi Mimval si rimase senza moglie
e senza amica, della qual follia l'ghetto lo ne castiga nel pre-
detto sirventese (es ist das Sirventes im Libro alegato Car. 67
gemeint). Gegenüber dieser Notiz steht ‚Mich. Car. 75'.
Die Biographie erstreckte sich also von fol. 73 bis wenigstens 75';
die Lieder des Dichters werden gewiss auch

Fol. 76. 77. eigenommen haben.

Fol. 78.[1] PEIRE D'ALVERNHA vogliono che fosse il
primo buon trovatore; il quale fu del vescovado di Clermon,
avvenente uomo della persona, savio e letterato, e molto acca-
rezzato dai signori e dalle donne di quei tempi. Ein kurzer
Auszug aus der Biographie mit dem in derselben enthaltenen
Citate:

> Peiro d'Alvernhe a tal votz
> Que chanta de sobr'e de sotz,
> E sei so son dous e plazen
> E pueis es maistre de totz,
> Ab c'un pauc esclarzis los motz,
> C'apenas nuill hom los enten.

Dies die Lesung der Biographie, während die Handschriften starke Abweichungen bieten; siehe Bartsch's Chrest.
78, 9 –14.

Barbieri führt dann weiter fort: nel fine della vita si diede
a fare penitenza (Biographie: donet se en orde), nel qual tempo
fece una bella canzone della Vergine, che cumincia:

---

[1] Auf fol. 78 müssen auch Lieder von Guiraut de Bornelli gestanden sein,
denn bei einer gelegentlichen Erwähnung dieses Dichters findet man
die Angabe ‚Mirh. Car. 78 ....'. Was die Punkte bedeuten ist nicht
deutlich.

9 *

Fol. 80.[1]

Dompna dels angels reina,
Esperansa dela crezena,
Segon que mandal sens
Chan de vos longa romana;
Car nuill hom just ni peccaire
De vos lauzar nos deu taire,
Car sos sens meills l'appareilla,
Romans o lenga latina.

Dieses Lied nun wird in allen fünf Hss., die es enthalten — C D I K R — dem Peire de Corbiac zugeschrieben.
Bartsch (Grundriss 338, 1 und Jahrb. XIII) war allerdings berechtigt zu sagen, b nenne Peire d'Alvernha als Verfasser; indessen jetzt wissen wir, dass der in Rede stehende
Theil von b nur eine Abschrift von Barbieri's Citaten ist.

Fol. 81—8.. PONS DE CAPDUEILL. Im X. Capitel
wird der erste Theil der bei Raynouard gedruckten grösseren
Biographie (bis *e lai morie*) mitgetheilt. Im V. Capitel, unter
den Novellen, kommt die Geschichte seiner Liebe zu Alazais
de Mercuer vor, und zwar bis auf einige Abkürzungen wie im
zweiten Theil der Biographie. Von den zwei Liedern, deren
Anfänge die Biographie angibt, findet sich bei Barbieri die
ganze erste Strophe:

Aissi com sel c'a prou de valedors
Fill faillon suit (l. suit), ja tant non er amatz
En la sazon qu'es desaventuratz,
Mo faill ma dompna, car conois c'amors
Mo fai per lieis murir a gren turmon,
E s' ill pognes faire meill (l. nuill) faillimen,
Vea mil feira, mas meins en val, so cre,
Bars que dec lai (l. dechai) selui que vencut vo.

In den meisten Hss. enthalten, und fast überall lautet der
erste Vers *Si com celui* u. s. w., während die Biographie bei
Rayn. allerdings Barbieri's Lesung bietet. Letztere kommt auch
in b vor, und zwar nicht bloss im ersten Theile, was sich von
selbst versteht, sondern auch im zweiten. Ferner (so viel mir

---

[1] Fol. 79 wird demnach ebenfalls Lieder Peire's d'Alvernha enthalten haben.

bekannt ist) in MQ, welche Has. jedoch das Lied anderen
Dichtern zuweisen.

> Qui per nessi cuidar
> Fai trop gran faillimon,
> A dan li deu turnar;
> E s's mi mal en pren,
> Ni ma donam dec lai (l. dechai),
> Bes tanh, quo tal folia
> Ai fait, perqu'eu devria
> Morir d'ir'e d'esmai.

In A C D I K R a b enthalten.

Fol. 83—86.

Fol. 87. GUILLEM DE BIARN. Siehe oben Fol. 9.

Fol. 88 - 90.

Fol. 91. GUILLEM DE LA TOR, che propose a Sordello una questione tale por maniera di tenzone:

> Una amicx et un'amia,
> Sordelz aun si [un] voler
> C'a lur semblan non poiria
> L'una sea l'autre joi aver,
> E si l'amiga moris
> Aisi quo l'amiex o vis,
> Quo no la pot oblidar,
> Cals seria meills a far
> Gres (l. Apres) licis vivre o murir?
> Digatz d'aiso vostr'albir.

In A D D' E G I K N Q enthalten.

Fol. 92 - 97.

Fol. 98. DAUDE DE PRADAS; siehe oben fol. 46.
Fece un libretto intitolato Romans dels auzels cassadors che
incomincia:

> Dode de Pradas non s'oblida,
> Pueisqu'e sens o razos l'en covida,
> Que non fassa un bon solatz
> Per si e per sole a cui platz.

Dieses Gedicht ist nunmehr bloss in b enthalten.

Fragen wir nun, in welchem Verhältnisse das Libro di Michele zu bekannten Hss. steht, so ziehen vor Allem zwei der jüngeren Hss. unsere Aufmerksamkeit auf sich. Einmal der zweite Theil von b, der im XVI. Jahrhunderte geschrieben, einst dem Bischofe G. D. Scannarola angehörte, jetzt in der Barberina XLVI, 29 (olim 2777)[1] aufbewahrt wird. Diese Hs. ist verbunden, und dürfte nur ein Fragment einer grösseren Hs. sein. Sie besteht, wie es mir scheinen will, 1. aus einer Lage zu je acht Blättern,[2] mit der Biographie Pons de Capdueill und zehn Liedern dieses Dichters; 2. aus einer anderen Lage zu acht Blättern (21—28) mit Liedern von Raimon de Miraval; da das erste Lied aber in der Mitte beginnt, so muss die vorhergehende Lage, welche die Biographie Raimon's und wenigstens den Beginn des auf fol. 21 fortgesetzten Liedes enthielt, verloren gegangen sein; 3. aus vier Blättern, die theils je ein Lied von Giraut und der Gräfin de Dia enthalten, theils leer sind; 4. aus mehreren Lagen mit Daude's didactischem Gedichte über die Jagdvögel. Um nun Letzteres vor Allem zu erwähnen, so macht es die Uebereinstimmung der vier ersten Verse sehr wahrscheinlich, dass es sich hier nicht um zwei unabhängige Abschriften desselben Gedichtes handelt, sondern dass ein Zusammenhang zwischen LMich. und b besteht. Auch der übrige Inhalt von b spricht für einen solchen Zusammenhang. Denn LMich. enthielt ebenfalls die ausführlichere Biographie des Pons de Capdueill und den Liedern dieses Dichters ist es uns gestattet einen Raum, der von fol. 81 bis 86 sich erstreckt, zuzuweisen. Die Uebereinstimmung in der Lesung *Aissi com sel* ist ebenfalls einigermassen bezeichnend. Auch der Lieder Raimon de Miraval mussten in LMich. nicht wenige gewesen sein; wir dürfen annehmen, dass fol. 72 bis 77 diesem Dichter gewidmet waren. Das Lied *Sieu en chantar soven*, das aus LMich. angeführt wird, mag in der fehlenden Lage von b enthalten gewesen sein. Das nämliche Lied der Gräfin

---

[1] Es sei mir gestattet bei dieser Gelegenheit den Druckfehler im Jahrb. XII 30 ,Bix. 2777' zu ,Barb. 2777' zu corrigiren.

[2] Die Lage ist folgender Weise zusammengestellt:

9. 15. 16. 17. 18. 19. 20. 10.

von Dia findet sich in beiden Hss. Von Granet hat b ein
Lied, das zufällig von Barb. nicht angeführt wird. Indessen
wurde dieser Dichter in das Namensverzeichniss aufgenommen;
und wenn gleich Barb. ihn auch in seinen anderen Hss. gefunden haben mochte, so lässt sich mit eben so grosser Wahrscheinlichkeit annehmen, LMich. habe ihn mit diesem Dichter
bekannt gemacht. - Innigster Zusammenhang zwischen b und
l.Mich. ist demnach unzweifelhaft. [1]

Nicht minder sicher ist die Abhängigkeit eines Theiles
der Hs. e von LMich. Diese Hs. — Barb. XLV, 60 — ist am
Ende des XVIII. oder Anfang des XIX. Jahrh. von G. Plà
compilirt worden, welcher als seine Quellen ausser vier vati-
canischen, dann Laurenzianischen und der Estensischen Hss.
noch ‚zwei der ihm gehörigen verlängst erworbenen' anführt.
Eine von diesen muss nun mit LMich. nahe verwandt gewesen
sein. Die Form Salanhac, die Losung des ersten Wortes beim
Liede Guiraudot's, die vielfachen Uebereinstimmungen hinsicht-
lich Jaufre Rudel's (Zusatzstrophe im dritten Liede, Stellung
der Strophen im vierten, Anzahl der Lieder dieses Dichters);
das Vorkommen des Sirventes von Luquet Cataluze und die
Form dieses Namens; dies Alles zeigt deutlich genug, dass Plà
vor sich entweder das LMich. selbst oder Bruchstücke desselben gehabt hat. [2] Nur das Auseinandergehen in Bezug auf

[1] Sollte etwa b Barbieri gehört haben? Unwillkürlich denkt man bei der
‚sehr zierlichen Hand des XVI. Jahrhunderts' (wie Bartsch die Schrift
charakterisirt) an den sympathischen Gelehrten, der so viele Bände provenzalischer Gedichte mit eigener Hand schrieb. Nur müsste man dann
zugleich annehmen, b sei ein Bruchstück des LMich. selbst gewesen;
denn Barbieri's LMich. ist wohl nicht die Originalhandschrift (wir haben
wenigstens keine Kunde, dass er solche besessen habe), sondern die von
ihm in Frankreich genommene Copie; dass er aber aus dem vollständigen
LMich. ein Bruchstück wieder abgeschrieben habe, ist nicht leicht glaub-
lich. Andererseits aber wollen die Verhältnisse in Bezug auf Blätter und
Lagen in b und LMich. nicht gut zusammenstimmen.

[2] Wenn die in der vorangehenden Anmerkung ausgesprochene Vermuthung
begründet wäre, so könnte eine der zwei Hss. Plà's jener Theil von
LMich. sein, welcher nach Ausscheidung von b übrig geblieben wäre. —
Dass diese zwei Hss. Plà's gänzlich verloren gegangen seien, ist kaum zu
glauben, und fleissigem Nachsuchen wird es wohl gelingen sie herauszufinden. Vielleicht gibt uns Stengel im Verlaufe seiner Mittheilungen
über unbekannte provenzalische Hss. in Italien Auskunft darüber.

die Lesung bei den vier Versen von Guillem de Salinbac
(fol. 9) könnte uns schwankend machen; indessen lässt sich
noch immer annehmen, dass Plà dieses Lied seiner zweiten uns
unbekannten IIs. entnommen habe.

Mit welcher unter den älteren Hss. mag LMich. verwandt
gewesen sein? Die Uebereinstimmung der Angaben über Lieder
von Guillem de Durfort, Jaufre Rudel und Raimon Vidal, dann
über die Autorschaft von A vos cui tenc deuten an, dass LMich.
und C derselben Familie angehören. Dass dies nicht Abweichungen in den Lesarten (z. B. bei Guiraudot) oder in dem
Zuweisen einzelner Lieder dem einen oder dem anderen Dichter
(siehe z. B. unter Guillem Magret) ausschliesst, braucht kaum
gesagt zu werden.

Die zwei Lieder des Guiraut d'Espanha und die Stellung
der Verse 8. 9. im Briefe von Raimbaut de Vaqueiras hatte
LMich. mit C E gemein, welche zwei Hss. nach Bartsch u. A.
,in vieler Beziehung unter sich verwandt sind'.

Mit E speciell hat LMich. die Schreibung ill für mouillirtes
l, und wenigstens ein Mal im Drucke (siehe oben Sordel) die
Formel aus statt an gemein. [1]

Einen anderen Berührungspunkt des LMich. mit E bilden
die ausführlicheren Biographien. [2] Nur mit dem Unterschiede,
dass dieselben in E einen eigenen Abschnitt der IIs. bilden,
während sie in LMich. vor den Liedern der betreffenden Dichter
stehen. Letztere Einrichtung ist nach Bartsch ein Merkmal
der älteren Hss.

Das bisher Gesagte trifft mit einigen der Bemerkungen
Bartsch's über b² und e zusammen. Auch er findet es wahrscheinlich, dass diese beiden Hss. theilweise Copien einer und

---

[1] Bartsch hat für das Verhältniss der ganzen Hs. h zu E den Umstand
hervorgehoben, dass beide Cm ri cargol vom demselben Dichter zuschreiben; es handelt sich aber um den ersten Theil von b, der viele
Hss. darstellt; das in Rede stehende Citat betrifft nicht LMich., sondern
LAn.

[2] Ausführlichere Biographien kommen auch in P vor: doch ist Benützung
dieser Hs. von Seite Barbieri's kaum anzunehmen. Denn erstens fehlen
in P manche der in LMich. enthaltenen Biographien (z. B. A. Daniel,
Folquet de Marseilla); dann weicht die Lesung der innerhalb der Biographien in P vollständig mitgetheilten Strophen vielfach von den Texten
Barbieri's ab.

derselben IIs. seien, welche die Quelle (oder, wollen wir
hinzufügen, ein Ausfluss aus der Quelle) von E war, und
wiederum sagt er in Beziehung auf e, eine der zwei IIss. von
Plb müsse mit C E nahe verwandt gewesen sein.

Das LMich. stellt uns demnach wenigstens einen Theil
einer IIs. dar, welche von Miquel de la Tor zusammengestellt,
als ein älteres Glied jener Familie sich erkennen lässt, zu
welcher C E gezählt werden dürfen. Der Verlust dieser IIs.
ist um so mehr zu beklagen, als auch Barbieri's Abschrift uns
nicht mehr vorliegt.

Für einen Zusammenhang zwischen LMich. und Nostradamus' Quellen sprechen einigermassen die Angaben über die
Autorschaft des Marienliedes. Ferner zwischen a, einem Aus-
flusse von einer Quelle Nostradamus', und LMich. findet man
darin eine Beziehung, dass beide zwei Gedichte von Luquet
Gatelus kennen. Sowol b[2] (aller Wahrscheinlichkeit nach eine
Abschrift oder ein Bruchstück von LMich.) als a schreiben
Si ai perdut mon saber dem Pons de Capdueill zu. Weitere Be-
ziehungen von a, wenn auch nicht bestimmt zu LMich., so doch
zu Barbieri'schem Material, finden wir darin, dass nur a den
von Barb. angeführten Titel des grammatischen Werkes von
Raimon Vidal kennt. Im Namensverzeichnisse führt Barbieri
Jordan Borneil de Cofolenc an, worin Jordan Bonel und Jordan
de Cofolen sich vereinigt finden und a kennt einen Jordan Bonel
de Cofemot.

Bei dieser Gelegenheit sei noch ein Umstand erwähnt.
Von Alegrot wird aus LAss. fol. 86 das Sirventes *Ara pareisson*,
dann aber auch ein Brief angeführt, dessen zwei erste Verse:

Dompna c'avetz la senhoria

Do joven e de cortesia

lauten. Es fehlt die Angabe der IIs., und dass es in LAss.
kaum enthalten war, werden wir später sehen. Barbieri muss
es in irgend einer anderen seiner Hss. gehabt haben. Nun
kommt dieser Brief anonym nur noch in N vor,[1] einer IIs.,

---

[1] Und zwar sind beide Verse in N mit den bei Barbieri gleichlautend.
Ich weiss dies aus einer Mittheilung von Dr. Hermann Suchier, welcher
ungleich die Güte hatte, mir sein Verzeichniss von N zur Einsicht zuzu-
senden.

welche bei manchen bekannten Stücken den Namen des Verfassers verschweigt. Eine Barbieri'sche Hs. war demnach mit N verwandt; dass aber N mit einer der Quellen von a in innigem Zusammenhange steht, wird sich aus Suchier's Publication, der ich nicht vorgreifen darf, ergeben.

B. Libro in Assicelle.

Fol. 1—35.

Fol. 36. ELIAS DE BARJOLS fu molto miglior poeta (als der vorhergenannte Elias de Fonsalada), come appare dalle sue canzoni, delle quali l' una comincia:

> Den deu hom son bon seinhor
> Amar e servir
> Et onrar et obezir
> A tota s'onor.

In D E H M P R S f, Peire Bremon C.

Fol. 37—66.

Fol. 67.[1] GAUCELM FAIDIT. Als zweites Beispiel (siehe oben Libro di Michele fol. 17. 18) der Art, wie der Dichter des Markgrafen von Monferrato in seinen Liedern gedenkt, wird angeführt:

> Chansos, vai ten dreit per Mon Elian
> En Monferrat, e dim al pro marques
> Qu'en breu verai lui el conto de Bles,
> Car tut lor fach son de bella semblansa
> 5 E digatz llen leialmen ses duplansa
> Que mos conortz mi reten sai tan gen
> Per qu'ieu essauc (l. est.) qu'ieu nols vei plus soven.

Geleite von *Anc nom parti de solatz ni de chan* A C D E M R a. — M stimmt genau überein; nur 5 *digas lim*, dann *duplansa*.

Fol. 68—72.

Fol. 73. AIMERIC DE PEGUILHAN sopra tutti lodò ed esaltò Donna Beatrice d' Este, quella che fu figliuola del

---

[1] Das Citat lautet hier „H. in doc. Carm. 67".

marchese Aldobrandino e maritata in Andrea re d'Ungheria
l'anno 1235, della quale dice in un loco:

> Na Biatritz d'Est, anc no vi plus bul flor
> Ni de vostre temps non trobei meillor,
> Tant es bona com plus lauzar vos vucill,
> Ades i trob plus do bon que non aueill.

Eines der Geleite von *Lonjamen m'a trebaillat e malmes*
A C D I K M N R f, Blacasset P.   In M (bei Mahn 991) lautet
der erste Vers: *Na B. d'E. anc plus flor;* sonst lesen die mir
bekannten Texte (A D N P): *Na B. d'Est* (P *Valenz B.*) anc
plus bella flor   De (A *Del*) v. t. n. tr. ni m. mit dem gewöhn-
lichen Genus von *flor.* Dazu in M an orthographischen
Varianten: mouill. *l* durch *ilh,* an phonetischen: *trueb.*

Fol. 74—85.

Fol. 86. ALEGRET, che face quell'aspro serventese:

> Ara paraisson llaubre sec
> E bronisson li alemen.

Kommt nur in C M vor; da aber in C die erste Strophe
fehlt, so finden sich nunmehr die zwei angeführten Verse nur
in M. M (bei Rochegude) und die Abschrift g: *pareisson;*
dann M *elemen.*

Barbieri führt fort: E della sua donna più vorsi di rime
accoppiate a due a due come:

> Donipna c'avetz la senhoria
> De joven e de cortesia.

Die IIe. ist nicht angegeben. Man wäre geneigt zu vermuthen, auch dieses Gedicht sei in LAsc. enthalten gewesen;
dies ist aber, da LAsc., wie wir gleich sehen werden, mit M
innigst zusammenhängt, kaum möglich. Vgl. das oben Gesagte.

Fol. 87—89.

Fol. 90. ALBERTET DE SESTARO celebratore della
casa Malaspina, dicendo:

> S'om per ouratz faitz ufaniers
> Ni per esser bos cavalliers
> . Deu estar entrels pros cabals,
> Guilems Malaspina es aitals.

Letzte Strophe von *Ab joi comensi ma chanso* A A·C E F
G I K M O R. Auch in D, wo aber diese Strophe fehlt. — Der
Text von M ist mir nicht bekannt.

Fol. 91—102.

Fol. 103. MONGE DE MONTAUDON il quale ebbe
ardimento di censurare i trovatori del suo tempo con un serventese che comincia:

Pos Peire d'Alvernh' a chantat
Del[s] trobadors que son passat,
Chanterai eu mon escien
D'aquels que pueis si son levat,
E non m'aion ges cor irat
Si en (S'ieu) lor cors (l. crois) mestier lor repren.

Das Serventes kommt in A C D I K L M R d vor. — Die
Lesung von M ist mir unbekannt.

Fol. 104.

Fol. 105. AIMERIC DE BELENUEI citato da Dante
in una canzone che comincia:

Nuls hom non pot complir adreitamen
So c'a en cor.

In den meisten Has. vorhanden. — g weicht in der Ortho-
graphie ab: *Nulls h. nom p. c. adreichamen.*

Fol. 106—111.

Fol. 112. SORDEL. Am Rande der Strophe *Aitan ses
plus* u. s. w. wird angegeben ‚Lib. Mich. Cart. 7. Lib. in Ap.'
car. 122'. In beiden Has. fand also Barbieri das Lied, welches
(wir wiederholen es) in C F I K M R d c enthalten ist.

Fol. 113—126.

Fol. 127. ARNAUT CATALAN che disse per la prima
stanza d'una sua canzone:

----

1 So wol als Druckfehler für *doc.*

> L'an can ¹ vinc en Lombardia
> Una bella dona pros
> Me dis per sa cortesia
> Maint bella plazers amoros,
> Et aissi rizen jogan
> Dels bella semblanz quem fazia,
> Ieu com fols traiassim enan
> Alques plus que nom tanhia.

Nur in M bei Mahn 986 abgedruckt.²

Fol. 128—131.

Fol. 132. AIMERIC DE SARLAT, di cui sono le canzoni che cominciano:

    Fina e lejals, donna, ses tot enjan

e:

    Can si cargal (l. -gol) ram de vert fueill

e:

    Eiassamen mas chansos
    Com la lauzeta fai.

Die Angabe der Hs., welche am Rande der ersten Zeile steht, gilt wol für alle drei Lieder. Das erste in vielen Hss. A B D E F I K M R T, Aimeric de Belenoi L S U c, Peirol N. Fast überall lautet der erste Vers *F. e l. e senes tot enjan*; in g, und daher gewiss auch in M, wie oben. Das zweite blos in E M. Desgleichen das dritte; sie lesen *Aissi mass* (M *mou*) *mas ch.*

Fol. 133—135.

Fol. 136. BEATRITZ DE DIA. Am Rande von A *chantor m'es* ,Mich. Car. 68 o Lib. in Asc. Car. 136'; also das Lied war in beiden Hss. Wie oben gesagt, in A B C D I K L R a, una donna de Tolosa M, anonym G N W.

---

¹ Bartsch im Verzeichnisse des Grundrisses druckt *Lansan*. Vgl. jedoch in den übrigen Strophen: *An tan qen vos lei vraia; Gran dan si per ma follia* u. s. w.

² Im zweiten Verse *Ma bella*, wol kaum in der Hs.; Metrum und Sinn fordern *Una b.* Sonst stimmen die zwei Texte, bis auf kleine orthographische Varianten, überein.

Fol. 137—154.

Fol. 155. BERTRAN DE DORN cantò le armi con alto stile su questa maniera:

No puesc mudar c'un chantar non esparja,
Pueis oc e non ha mes fuec e trach sanc.

In ACDFIKMRTUV. — g mit Formvarianten: *puosc qun nom.*

Fol. 156. Enthielt wol Lieder desselben, da vorher sich diese Stelle findet:

Fol. 167. Ebbe ardimento di vantarsi ch'egli aves più senno che niuno altro . . . come appare per lo principio d'una canzone, dove dice:

Ar es ben dretz que vailla mos chantars
E mos bos sons e mos sotilz trobars.

Es ist mir nicht gelungen das Lied zu finden, dem diese zwei Verse entnommen sind.

Die Bestimmung der Zugehörigkeit dieser Hs. ist überaus leicht. Der Umstand, dass alle citirten Lieder in M enthalten sind, dass zwei nur noch in E, und eines ausschliesslich in M vorkommt, macht es schon von vornherein überaus wahrscheinlich, dass das LAsc. mit M innig zusammenhängt. Das Lieder-verzeichniss von M ist nicht gedruckt worden, wol aber jenes von g, das nach den Angaben von Raynouard, Bartsch, Meyer eine Abschrift von M ist. Grützmacher, welcher g beschrieb,[1] meint, die Ha. gehöre ,wohl dem Anfange des XVII., vielleicht noch dem XVI. Jahrh.' an, also jedenfalls eher der zweiten als der ersten Hälfte des letzteren. Dies würde allerdings eine Beziehung zwischen g und Barbieri († 1571) nicht unbedingt ausschliessen, sie dennoch etwas unwahrscheinlich machen. In-dessen mag Grützmacher, welcher bei der Altersbestimmung der Hss. nicht immer genau verfahren zu sein scheint,[2] sich

---

[1] Archiv 35, 86 f. (im Grundriss S. 30, Anm. 32, durch Versehen ,98 f.').
[2] Vgl. z. B. Bartsch im Jahrb. XI 23.

geirrt haben. Nicht bloss ist die Reihenfolge der Lieder in
LAsc. und g genau dieselbe, sondern auch die Blätterzahlen
decken sich, wie nachstehende Concordanz zeigt, ziemlich genau.

LAsc.		g	LAsc.		g
36	=	24	112	=	101
67	=	54	127	=	116
73	=	60	132	=	132
86	=	74	136	=	137
00	=	78	155	=	160
103	=	91	157	=	?
105	=	93			

In den ersten neun Stellen findet fast genaue Uebereinstimmung statt, nur dass LAsc. um zwölf Blätter voraus ist.
Dies könnte auf den Gedanken führen, dass LAsc. im Beginne
reichhaltiger als g war; das Zusammentreffen bei 132 zeigt
aber, dass entweder in der einen oder in der anderen Hs. eine
Verstellung stattfand; die Abweichung in Bezug auf 155 = 160
könnte auf gleiche Art erklärt werden. Sollten vielleicht LAsc.
und g identisch sein, so dass Letzteres verbunden wäre? Grützmacher spricht von ‚der Sorgfalt der Ausführung‘ von g, was
einigermassen an die ‚zierliche Schrift‘ von b erinnern könnte.[1]
Dennoch will mir diese Muthmassung wegen der Zahlen 67 = 54,
73 = 60, 127 = 116, die nicht genau den Abstand von 12 auf-
weisen, nicht vollständig zusagen. Wie dem auch sei, zweifellos
bleibt es, dass M, LAsc. und g (mögen darunter drei oder
bloss zwei Hs. zu verstehen sein) im Grunde nur éine Hs. dar-
stellen.[2] — Eine Schwierigkeit bleibt mir noch. Keines der in
g, und folglich in M enthaltenen Lieder des Bertrand de Born

---

[1] Freilich sagt Grützmacher: ‚ist trotz der Sorgfalt ihrer Ausführung, wie
alle Schrift jener Zeit, schwer zu entziffern‘; indessen mag letztere Aus-
sage etwas subjectiv sein.

[2] Es gibt bekanntlich noch eine verbundene und defecte, einst aber vielleicht vollständige Abschrift von M in der Universitätsbibliothek zu Bologna, über deren Alter die Angaben zwischen dem XV. und XVIII. Jahrh.
schwanken. Grützmacher sagt ein Mal XV., das andre Mal XVI.; Car-
ducci XVI.; Bartsch XVII. wenn nicht XVIII.; P. Lacroix XVIII. Unter
diesen Verhältnissen ist selbst eine Muthmassung, ob die Hs. in irgend
einer Beziehung zu Barbieri stehe, unmöglich.

bietet die von Barbieri unter fol. 157 angeführte Stelle. — Endlich möchte man die Frage aufwerfen: Wo mag Barbieri M gesehen haben? Bevor diese Hs. in die Pariser grosse Bibliothek gelangte, war sie in der Vaticana; zu welcher Zeit kam sie aber dorthin?

C. Libro elegato.

Fol. 1—4.

Fol. 5. FERRARI. Die Autobiographie, una prosa di lingua provenzale posta dinanzi ad un libretto di stanzo scelte ch' essi chiamano Coblas triadas. Bekanntlich nur in D'; der Text stimmt, bis auf kleine Varianten, mit dem von Cavedoni und Anderen herausgegebenen.

Fol. 6—15.

Fol. 16. GAUSBERT DE POICIBOT, molto leggiadro rimatore in far canzoni di versi corti, come la seguente stanza:

> Merces es e chausimens
> D'umil sorzer et ausar
> E l'orgoill sobrier baissar,
> Dont faill, amor, vostre sens;
> 5 Car me cui trobatz vencut
> Umil e de bona fe
> Decasots ancse,
> E leis, que vira l'escut
> Vas vos e vas me
> 10 E nous vol nius blan,
> No voletz destrenher tan
> Que l'orgoill baisses
> E vas vos s'umilies.

In A C D E G H I K R T U, die erste Strophe auch in V, Folquet de Marsoilla P, Peirol Q.

Fol. 17—29.

Fol. 30—32. ELIAS FONSALADA. Die kurze Biographie bei Raynouard u. A., welche in A I K enthalten ist. Barbieri liest *Bariarac* statt *Bargairac*. Assai loda il re d'Aragon, como quando dice:

> Del rei d'Aragom ve talans,
> Qu'el veza que sos pretz es grans.

Die zwei letzten Verse von *De bon loc moton mas chansos* CD II I K R, anonym W. Ich kenne D II, welche bis auf orthographische Varianten mit Barbieri übereinstimmen.

Fol. 32. RICHART DE DERBEZILL, bei Barbieri *Rigaut*; vgl. in IIss. *Ricaut, Rigalt*. Es wird an die Erzählung im Novellino erinnert; um die Gewohnheit des Dichters zu belegen, seine Geliebte *meills de dompna* und sich selbst *maris d'amic* zu nennen, wird auf ,lib. aleg. 32' verwiesen. Es folgt das ganze Lied *Autressi com l'orifans* del modo appunto che l'ho trovata scritta fra le altre sue canzoni. Barbieri gibt die IIs. nicht an, der er seinen Text entnimmt; es könnte allerdings obige Angabe gelten, da der Dichter in diesem Liede sich des Ausdruckes *meills de dompna* bediente; es ist aber durchaus nicht nöthig dies anzunehmen; Barbieri wird das in die meisten Sammlungen aufgenommene Lied in mehr als einer der ihm zu Gebote stehenden IIss. gefunden haben. Dieser Unsicherheit über die Quelle und der Länge des Gedichtes wegen halte ich es für überflüssig es abzudrucken und begnüge mich die Variante bei Str. IV, 4 *la Magus* statt *Dedalus* hervorzuheben. Die Geleite fehlen.

Fol. 33—37.

Fol. 38. BERTRAN DE BORN. Unter den Frauen, welche bei den Provenzalen Berühmtheit erlangten, wird Guiscarda erwähnt: fu di Borgogna, sorella di Guiscard de Beljoc, il quale la maritò in Lemosino nel visconte di Combron (sic), e perciò ch'ella era donna di gran pregio e di gran beltà, molto se ne rallegrarono tutti i valenti nomini del paese, e fra gli altri B. del B. ne fece la seguente stanza:

4

> Ai Lemozins franca terra cortesa,
> Mout mi saup bo, car tals bonors ve creis
> Enseignamens, cortesia e larguesa,
> Valors e protz, solatz, dons e dompneis
> E qui pros es e de prous feis
> Mal essara (l. est.) si era non pareis,
> Pucis Na Guiscarda nos est sai tramesa.

Die zwei Strophen bei Raynouard V 78 finden sich hier
in eine zusammengezogen. Das kleine Gedicht ist nach Bartsch
nur in F I K enthalten; Raynouard wird jedenfalls eine der
zwei (innigst verwandten) Pariser Hss. benutzt haben; und
mit ihnen stimmt bis auf einzelne Formvarianten F.[1]

Fol. 39—41.

Fol. 42. 43. AIMERIC DE BELENOI. Bei Erwähnung
von Selvaggia, welche als Geliebte Cino's da Pistoja gilt, werden folgende zwei Verse angeführt:

> Si Salvaia es tan pros d'Aura Mala

dann:

> No son fillas d'en Corrat lo seignor.

Es sind die V. 1 und 6 der fünften Strophe von *Tant es
d'amor honratz mos seignoratges* A B C D H I K d.

Fol. 44.

Fol. 45. GUIRAUT DE BORNEILL. In dem Abschnitte
über die Frauen liest man: Alamanda fu tale che G. de B. non
sdegnò di chiederle consiglio in certo suo caso d'amore con
una sua stanza, che comincia:

> S'ieus quier conseill, bell' amig' Alamanda,
> Per Dieu lom datz, c'om coitatz lous demanda

A B C D G H I K N Q R V s. Im ersten Verse nur I K
Conseill vos quier; im zweiten A C V *Nol mi vedatz (-etz)*,
D *No lom v.*, H wie Barbieri, nur mit kleinen orthographi-
schen Varianten.

Fol. 46—50.

---

[1] Laut gütiger Mittheilung Monaci's.

Fol. 51. GUILLEM DE S. GRIGORI che fece una sestina ad imitazione di quella d'Arnaldo Daniello . . . servendosi della sorte dei versi e delle medesime parole finali, come :

Ben grant avoleza intra.

Nur in D H. D grans -era. Der Deginn ist in H abgerissen.

Fol. 52. Gegen das Ende, wo nur Dichternamen verzeichnet werden, heisst es: D'uomini di chiesa si trovano stanzo e canzoni, come del Prebost de Valenza, del Prebost de Noaillac, del Vescovo de Clermon. Am Rande: ,lib. aleg. Car. 52. 61. 81', wo man vermuthen sollte, die erste Ziffer beziehe sich auf den Ersten, die zweite auf den Zweiten u. s. w. Da indessen dies nicht sicher ist (so würde, wie wir später sehen werden, dem Bischof von Clermont eher die erste Stelle zuzuweisen sein), so ziehe ich es vor, die drei Genannten zusammen zu halten.

PREBOST DE VALENSA. Man kennt von ihm nur eine Tenzone mit Savaric in A C D G I K N O R T. Das Register zu C legt ihm noch drei Lieder bei, welche aber im Text anderen Dichtern zugewiesen werden.

PREBOST DE NOAILLAC; ist mir ganz unbekannt.

BISCHOF VON CLERMONT, che fece una canzone corrente tutta sotto una rima e di sei stanze, was nur auf Peire de Maensac, ges lo reis no seria passt; in D 11.

Fol. 53—54.

Fol. 55. SORDEL. Fu Sordello . . . dei Visconti di Goito, il che si conferma dai libri Provenzali, nei quali si cognomina Sordello di Goi. In H begegnen wir in der That dieser Form auf Bl. 43°, während bei den anderen Liedern bloss Sordels, Sordel vorkommt. Raynouard liess sich mit Unrecht bestimmen, zwei Dichter, Sordel und Sordel de Goi, anzunehmen.

Fol. 56.

Fol. 57. BERNART ARNAUT D'ARMAGNAC und LOMBARDA. Die kleine Biographie der Dichterin, welche bloss in H enthalten ist, ist bei Barbieri etwas verschieden. Donna Lombarda fu di Tolosa, gentile e bella e di buone maniere; la quale seppe trovare di belle stanze amorose. Del cui valore avendo udito ragionare Bernard n'Arnautz fratello del conte d'Armignac, venne a Tolosa per vederla, e vedutala, senza dirle altro, montò a cavallo per tornarsene in suo paese, lasciando che date le fossero alcune sue stanze, delle quali il principio si è:

> Lombard volgr'eu esser per Na Lombarda
> Qu' Alamanda nom platz tan ni Guiscarda.

Alle quali stanze ella rispose dicendo:

> Non volgr'aver per Bernard na Bernarda
> E por nArnautz nArnauda appellada;
> E gran mernos, seignor, car vos agrada
> C'ab tal[s] doas domnas m'avetz nominada.

Die Biographie der Lombarda ist nur in H vorhanden, bei Rayn. V 249 abgedruckt. Nach den Worten: e ven s'en a Tolosa per la veser, liest man: el estet con ella de grant demcstogassa et enqueret la d'amor e fo molt son amic e fetz aquestas coblas d'ela et mandet las ades al seu alberg, e pois montet a caval ses la veser e si s'en anet en sua terra; eine wenig deutliche, sich selbst widersprechende Erzählung. Ob Barbieri einen anderen Text gehabt, oder die Erzählung zu ihrem Vortheile modificirt habe, ist schwer zu sagen; ich neige mich zur zweiten Ansicht. Es ist indessen noch etwas zu bemerken. Raynouard theilt an der angegebenen Stelle Bernard's Coblas nicht mit; eben so wenig führt er in seinem Verzeichnisse den Dichter Bernart Arnaut auf. Dagegen findet sich V 239 unter Jordan nur eine Cobla: Lombarda u. s. w., deren zwei erste Verse mit den oben angeführten übereinstimmen. Nicht anders bei Mahn, welcher unter 648 dieselbe Strophe mittheilt, Jordan als den Verfasser nennt und H als Quelle angibt.[1] Bartsch hat beide Namen, ohne von dem einen auf

---

[1] Grützmacher (Archiv 34, 889) verweist auf Mahn's Gedichte II. S. 232, 176. Die erste Zahl stimmt zu Nr. 648, die zweite ist irrig.

den anderen zu verweisen; sowol unter Bernart Arnaut als
unter Jorda verzeichnet er *Lombartz* u. s. w. und verweist beim
Ersten auf Rayn. V 239 und Ged. 648,[1] beim Zweiten bloss auf
Raynouard. Woher dieser Name Jordan hervorgetreten sein
mag? Eine genauere Prüfung von II thäte da Noth. Möglich
dass sowol Raynouard als Mahn nur die Pariser Abschrift von
II benutzt haben, und dass in diese irgend eine Verwirrung
sich eingeschlichen habe.

Fol. 68—59.

Fol. 60. ISEUT DE CASSIO und ALMUC DE CA-
STELNOU. Avendo un Gigo di Tornenquera[2] fatto gran fallo
contra Madonna nAlmuca da Castelnovo, di cui era stato cava-
liero ed amico lungamente, e non osando di andargliene a
dimandare perdono, nIseus de Cassion la pregò per lui con la
seguente stanza, dicendo:

> Dompna nAlmuca, si ous plagues,
> Buus volgra prejar d'aitan
> Que l'ira el mal talan
> Vos fezes fenir merces
> De lui que sospir e planh,
> E muor languen es complanh
> E quier perdon humilmen,
> Quous fatz per lui aagramen
> Si tot li volutz fenir,
> Qu'el si gart meills de faillir.

E donna nAlmucs, che voleva bene a Gigo, et a cui rin-
crescova ch'egli venisse a dimandarle perdono, rispose cosi por
le rime:

> Dompna nIseus, s'ieu sabes
> Qu'el se pentis do l'engan
> Qu'ol a fait ves mi tan gran,
> Ben fora droitz qu'iou n'agues

[1] Hiezach hat noch ein anderes Versehen. Für na Lombarda *Nom volgr'aver*
verweist er wieder auf Gedichte 648, das nur *Lombardo* etc. bietet.

[2] Ein kleines Versehen von Barbieri; der provenzalische Text liest *Gigo
de Tornin qu'era sos cavaliers*.

Mercea; mas a mi noe tanh,
Poa que del tort no s'afranh
Nis pentis del faillimen,
Que n'aia mais chausimen;
Mas si vos faitz lui pentir,
Leu podetz mi convertir.

Nur bei H und daraus (oder vielmehr aus der Pariser
Abschrift von H) bei Raynouard V 18.

Fol. 61. Vgl. oben fol. 52.

Auf demselben Blatte stand auch:

Fol. 61. UC DE BERSIE, che in certe sue stanze
mostra di esserni crucciato (d. h. crociato) per andare oltra
mare con lo imperadore Federico, al qual passaggio invita il
marchese di Monferrato e Folquet de Romans. Es wird kein
Vers angeführt; aber es handelt sich ohne Zweifel um das
französische, nur in den Formen provenzalisirte Lied, *Bernart di
moi Fauquet gem tint por sage*, das nur in D H enthalten ist.

Fol. 62.

Fol. 63. DALFI D'ALVERNHA und BERTRAM DE
LA TOR. B. della Torre suddito del delfino d'Alvernia, a cui
mandò il Delfino la seguente stanza per un suo giullare detto
Mauret:

     Mauret, Bertran a laissada
Manens e rics es assatz
Valor, don fo mout onratz,
E l'anar d'autr'encontrada
E sojorna a la Tor
E tien faucou e austor
E cre far pasqua o nadal,
     Quant son vint dins son ostal.

F. Beltramo gli rispose cosi per le rime:

     Mauret, ab (sic) Daufin agrada
Quem digatz qu'eu son malvatz,
El reprovier es vertatz:
Be cal seignor, tal maisnada;

Qu'eu fui bons tant quant aic bon seignor
E que a lui plac ni so tenc ad onor;
Aras, Mauret, pos el no val
S'ieu era bons, tenria so a mal.

Nur in II, gedruckt bei Raynouard V 104, aber mit
manchen Varianten.

Fol. 64—66.

Fol. 67. UC DE MATAPLANA, valente barone di Catalogna e parimente buon trovatore, di cui abbiamo un serventese a Ramondo de Miraval, che comincia:

D'un serventes m'es pres talens,
Que razos m'o mostra e m'o di,
E caut er faitz tenral cami
Dot (l. Tot) dreit a Miraval corrons.

In ADII, Peiro Duran lt. Der Abdruck bei Milà 322,
welcher nach II sein soll, zeigt manche Formvarianten. Vielleicht hat Milà Einiges modificirt.

Fol. 68. GUI DE CAVAILLON. Die kleine Biographie
in II, abgedruckt Archiv XXXIV 406. Barbieri macht folgenden
Zusatz, den er wol den angeführten Coblas entnahm. Trovan-
dosi assediato in Castelnovo a servizio del conte Ramondo di
Tolosa guerreggiato dalla Chiesa como fautore degli eretici
Albigesi, scrisse fuora due stanze dicendo:

Doas coblas farai en aquest son
Qu'eu trametrai aN Bertram d'Avignon.

A cui Beltramo detto Bertram Folcon rispose per le rime
cominciando cosi:

Ia non creirai d'en Gui de Cavaillon
Qu'entrela Franceis empogna son leon.

Nur in H, vollständig abgedruckt zuerst bei Raynouard
IV 207. 209, dann im Arch. a. a. O. Kleine Varianten: coblas
aqest qeu no cr. en penga.

Fol. 69. 70.

Fol. 71. Vgl. unten fol. 80.

Fol. 72—75.

Fol. 76. UC DE SAINT CIRC. Im VI. Capitel, wo von
Cino's Selvaggia die Rede ist, wird angeführt:

> Na Salvaja, d'aitan siatz certaina,
> Que l'onramens de vos me fai plazer
> Lombardia e la Marcha e Toscaina.

Die drei letzten Verse von *Si ma domna ndlais de Vidallana*, das nur in H enthalten ist. Abgedruckt im Arch. XXXIV
411. Formvarianten: *Salvaga Qe*. Grützmacher druckt *lonia-
menz; i* ist wol Lese- oder Druckfehler für *r*.

Fol. 77 – 70.

Fol. 80. Bei Erwähnung von Guillem Figera wird von
Ihm kein Gedicht angeführt; es heisst da nur: fu dottore,
scrittore di serventesi e maldicente, onde ne rilevò sul viso un
fregio come gli rimproverano

AIMERIC DE PEGUILHAN con questa stanza:

> Anc tan bella espazada
> No cuit c' om vis
> Com del nAuzers sus el vis
> A-n Guillem gautasegnada,
> 5 Qu'el vis lo feri tan fort
> C'un petit n'a l'un oill tort
> El cill que sol aver negret a blanc.
> El cais plus ros de scarlat'e de sanc.

Nur bei H, abgedruckt im Arch. XXXIV 408. Varianten:
2 *qe hom* 5 *Qel* 6 *oil* 7 *oill qe negrer* (beide sind wahrscheinlich Lesefehler von Grützmacher) 8 *scerlatra d. s.*

e SORDEL con quest' altra:

> Si tot m'essail de serventes Figera
> Ab sa lengua falsa o mensongiera,
> Soffrir lom tanh; tal paor ai nom feira
> Ab l'espada ab quel feri nAuziers,
> 5 Car no llin vale capiros ni visoira
> Que de la galta no llon fazes cartiers,
> E pois n'ac patz ferma d'aital maneira
> C'anc noill costet metzinar dos deniers.

Nur in H, abgedruckt im Arch. XXXIV 413. Varianten:
ma saill 21 *lenga mensongieira* 3 *taing* 6 *Qu fazes* 8 *metzinar*.

Fol. 81. Vgl. oben fol. 51.

Fol. 82. 83.

Fol. 84. LANFRANC CIGALA (composo una canzone) in lode di Madonna »Alais de Vidallana, che dico:

> Tan franc cor de dompna ai trobat
> A Villa Franca c tan plazon,
> Que m'acuilli tan francamen
> Que de franc m'a sos sers tornat.

Der Beginn eines Liedes, das nur in F II vorkommt; ein Bruchstück in D'. Aus II abgedruckt Arch. XXXIV 416; im ersten Verse *cors*.

Fol. 85.

Fol. 86. DERSELBE. Bei Erwähnung von Cino's Selvaggia werden angeführt:

> Que vos es tant enamoratz
> De na Salvaja la valen.

Dritter und vierter Vers der ersten Strophe von »Enric no m'agrada nim platz; nur in H, gedruckt Arch. XXXIV 416; wie gewöhnlich *qe*, dann *tan*.

Fol. 87—90.

Fol. 91. GUILLEM DE BERGUEDA. Es wird die Erzählung aus dem Novellino angeführt; worauf: ne fu guari più modesto in vantarsi in canzoni, come quando disse:

> Gen li panzoi los corns el capiron,

Erster Vers der vierten Strophe von *Trop ai estat sotz coa de mouton*, in A D H I K.

Bei Ferrari's Biographie denkt man allsogleich an D. So auch Tiraboschi, welcher nur Anstoss an dem Worte *libretto* nahm, da der Cod. Est. so umfangreich sei. Doch, meint er, da Barbieri eine „porzione staccata" von dieser Hs. kannte, welche altfranz. Lieder enthielt, so mochte er auch Ferrari's

Blumenlese als selbstständiges, noch nicht mit dem älteren Theil des Estensis vereinigtes Büchlein benutzt haben. Die Parallele ist nicht richtig; wo Barbieri von dem altfranzösischen Liederbuche spricht, sagt er: Mi ricorda di avere già veduto in un gran libro provenzale cinquanta canzoni con questo titolo sopra: *istæ sunt cantiones francigenæ* n. *L. Le Moine d'Arras;* il qual libro di presente si trova nella libreria ducale di Ferrara. Barbieri kannte also das altfranz. Heft als einen Bestandtheil von D. Aber auch, dass er jenes Exemplar der Ferrari'schen Blumenlese, welches sich nur in D findet, als eigenes selbstständiges Heft benutzt habe ist kaum zu glauben. Ferrari's Biographie fängt auf der Versoseite eines Blattes an, dessen Rectoseite von dem Ende einer durch eilf Blätter gehenden Sammlung von Sirventesen Peire Cardenal's in Anspruch genommen wird. Und gegen die Vermuthung, dass vielleicht Cardinal's Gedichte und Ferrari's Anthologie ein selbstständiges Büchlein, Barbieri's libro slegato, gebildet haben, spricht die Angabe des Blattes für Ferrari's Biographie; nicht auf fol. 6, sondern auf fol. 12 hätte sie gestanden. Kurz, es ist kein Grund vorhanden daran zu zweifeln, dass längst vor Barbieri der jüngere Pergamenttheil von D mit dem älteren schon vereinigt war, und entschieden muss man die übrigens von Tiraboschi selbst nur mit Rückhalt ausgesprochene Vermuthung über die Identität zwischen D' und Laleg. zurückweisen. Das Laleg. repräsentirt nicht eine verlorene (wie LMich.) oder bekannte IIs. (wie LAsc.), sondern ist eher eine von Barbieri zu eigenem Gebrauche gemachte Sammlung. Er hatte in Ferrara D gesehen und wenigstens D' benutzt. Manche der Lieder des Laleg. sind auch in D enthalten, einige davon nur noch in H; keines aber gehört ausschliesslich D an. Dass D^sb benützt worden sei, wird durch die nicht seltenen Textvarianten unwahrscheinlich. Die eigentliche Quelle für Laleg. ist H. Bis auf einen Dichternamen (Prebost de Noaillac) und eine kurze Biographie (E. Fonsalada) findet sich Alles, was Barbieri aus Laleg. anführt, wieder in H; einige Lieder nur noch in einer oder zwei Has.; nicht weniger als eilf Gedichte, meist einzelne Strophen, sind nur in H enthalten. Die Texte entsprechen sich vollständig: die Formvarianten sind unbedeutend und leicht auf Rechnung von Barbieri oder

Plä zu setzen. Selbst die Reihenfolge der Lieder ist fast immer gleich:

Lsleg.	II		Lsleg.	II
15	= 16ᵃ		61	= 46ᵃ
30—32	= 29ᵃᵇ		63	= 46ᵇ
32	= 30ᵇ		67	= 20ᵇⁱ
42—43	= 35ᵇ		68	= 51ᵃ
45	= 37ᵇ		76	= 54ᵃ
51	= 42ᵇ		80	= 52ᵃ
52(?)	= 40ᵇ		?	= 54ᵃ
55	= 43ᵃ		84—86	= 57ᵃᵇ
57	= 43ᵇ		91	= 60ᵃ
60	= 45ᵇ			

Lsleg. ist also zunächst ein Auszug von II. — Was Bertran de Born's Strophe *Ai Lemozis* (fol. 38) betrifft, so wäre ich geneigt, ebenfalls anzunehmen, dass sie zu Barbieri's Zeit in II enthalten war.[1] In dieser Hs. sind an mehreren Stellen Blätter ausgefallen,[3] und dass gerade zwischen 30ᵇ—35ᵇ = 32—43 etwas verloren gegangen sei, kann man mit ziemlicher Sicherheit annehmen. Denn wenn auch Lsleg. entweder des kleineren Formates oder der grösseren Schrift halber mehr Raum in Anspruch nahm als II, so ist das Steigen des Missverhältnisses ein allmäliges und nirgends braucht Lsleg. zehn Blätter um den Inhalt von fünf Blättern von II wiederzugeben.

---

[1] Der einzige Fall von grossem Auseinandergehen der zwei Hss. in der Reihenfolge der Gedichte. Sollte nicht in Barbieri's Angabe des Folio ein Versehen unterlaufen sein?

[2] Die Hs. gehörte Fulvio Orsini an, der 1600 starb. Wol erst nach seinem Tode wird diese so wie viele andere Hss. seiner reichen Bibliothek (vielleicht die ganze?) in den Vatican gelangt sein. Wo mag Barbieri die Hs. benutzt haben?

[3] Dies sagt schon Grützmacher ausdrücklich; er verdiente demnach nicht den Vorwurf Bartsch's Jahrb. XI 28—74.

D. Libro Siciliano.

Fol. 1. GUILLEM DE CABESTANH. Biographie in jener der zwei Versionen, welche Hüffer mit b bezeichnet und welche sich in II findet. Barbieri druckt innerhalb der Biographie die ganze erste Strophe von *Li dous cossire* ab:

> Li dous cossire
> Quem don'amor soven,
> Donam fan dire
> De vos maintz vers plazen;
> 5 Pensan remire   .
> Vostre cors car e gen,
> Cui ieu dezire
> Mais que non fauc parven;
> E si tost mi deslei
> 10 Per vos, ges nous ahnei
> C'ades ves uva (l. vus o. vos) soplei
> Ab francha benvolensa,
> Dompna, en cui beutaz gonsa
> Muintas votz oblit mei
> 15 Que lau vos e mercei. [1]

In fast allen Has. enthalten. II theilt innerhalb der Biographie nur zwei Verse mit; die ganze Strophe wird Barbieri selbst ergänzt haben. Nach welcher Hs.? Keine der von Hüffer benützten Has. — B D II R U — zu denen die von Bartsch (Chr. 69) verglichenen — C E I — hinzukommen, stimmt genau mit unserem Texte überein.

Fol. 1. GUILLEM DE BALAON. Die XI. Novelle des V. Capitels theilt die Biographie des Dichters mit, welche bei Rayn. V 160 abgedrackt ist. Dei Barbieri weicht die Erzählung in einem nicht unwichtigen Punkte ab. Der provenzalische Toxt erzählt, dass, nachdem Guillem den Boten seiner Dame abgewiesen hatta, diese tiefe Verachtung für ihn fassto (elal mes en soan del tot). Nach einer Weile fängt Guillem an nach-

---

[1] Plà bemerkt dazu: Nel mio ms. vi è qualche variante. Es ist wol r ge-
melnt, fol. 124.

zudenken, wie er durch den tollen Vorsatz, seine Geliebte
auf die Probe zu stellen, sich grosser Freude beraubt und
geht nach Javiao, indem er, wol um seinen Zweck zu ver-
bergen, das Gerücht verbreiten lässt, er sei auf einer Pilger-
fahrt begriffen. Die Frau nun besucht ihn, kniet nieder, wird
aber wieder schmählich abgewiesen. Dies ist nun psychologisch
ganz richtig. Die erzürnte Frau vermag nicht, als sie den
Geliebten in ihrer Nähe weiss, dem Drange zu widerstehen,
noch einen Versuch zu machen; der trotzige Mann, welcher
selbst eine Versöhnung herbeiwünscht, lässt sich, im Augen-
blicke als er die Flehende zu seinen Füssen sieht, von seinem
Uebermuthe berücken und stösst sie fort; der Rückschlag der
Gefühle folgt aber auch unmittelbar: la donna sen anet...ab
cor que mais nol vis nil parlos .. et el roinas iratz nar avia
fach tal folor. Die Rollen sind nunmehr gewechselt. — Bei Barbieri ist der Verlauf der Geschichte dadurch einfacher, wenn
auch vielleicht etwas matter, dass die Sätze über den ersten
Aerger der Frau und die erste Reue Guillem's fehlen. Die
Frau schickt früher Briefe, dann einen Boten, dann besucht
sie den wiedergekehrten Guillem; als alle drei Versuche fehl-
schlagen, wendet sie sich von ihm gänzlich ab. Guillem aber
bereut die ihr zugefügte Unbill und begibt sich zu ihr, um
Verzeihung zu erflehen. Von hier an gehen wieder beide Er-
zählungen zusammen. Die Biographie ist in II R enthalten.
Ob Raynouard bloss R folgte, ob die Abweichung bei Barbieri sich auch in II findet, kann ich nicht angeben; sehr
wahrscheinlich ist es, dass Barbieri, der gerne abkürzt, es auch
hier gethan hat, in diesem speciellen Falle zugleich mit
der Absicht, die Erzählung weniger künstlich zu gestalten.
Er führt seiner Gewohnheit nach die ganze erste Strophe des
Liedes, mit welchem Guillem um Verzeihung bittet, an:

> Lo vers mou merseian ves vos,
> Dona, ao per tal qu'ieu entenda
> Que de mi merse vos prenda,
> Tant us lo forfaitz cabalos,

¹ Im X. Capitel noch die kurze Notiz: G. de R. gentil nomo nella con-
trada di Mompellier, uomo costumato e buon trovatore.

5 Car ges perdos no ei atanh;
Mas pos mi mezeis ai perdut
E vos, quem faitz plus esperdut,
Sim port mas paraulas, nom tanh.

Gedruckt bei Mahn 689 nach CI(K)R, leider ohne Angabe der Hss., denen die einzelnen Varianten entnommen sind.
Dann nach H im Arch. XXXIV 393. Im ersten Verse lesen
einzelne Hss. *Mon.* 2 D H und bei Mahn *No per so, domna,
qu' entenda;* sonst stimmen D H mit Barbieri überein. Bei Mahn
dagegen: 3 wie Barbieri und als Variante *Que ja merce de
meus prenda.* Ohne Varianten bei Mahn, also in allen von ihm
benutzten Hss.: 4 Per *qu' ieu ni bem destrui nom planh;*
H *bes tanh.* Der Text Barbieri's weicht demnach von allen
bekannten älteren Hss. ab.

Fol. 2. MARIA DE VENTADOR. Die Biographie bei
Rayn. V 257 mit einigen Abkürzungen. Sie ist nur in H enthalten. Die erste Strophe ihrer Tenzone lautet bei Barbieri:

Gui d'Uisel, bem pesa de vos,
Car vos es laisatz de chantar,
Ancar vos gi volgra tornar,
E car sabetz d'aitals razos,
5 Ieu vos deman, si deu far engaluen
Dona per drut, can loi quer franchamen,
Com el por licis tot can tanh az amor,
Segon lo dreit qu'entendon amador.

In ACDEHRT; in P die erste Strophe. Im dritten
Verse D und Rayn. *E car (quar),* P lässt die zwei ersten
Sylben weg; Rocheg. *E volgraus i enquer t.* — Eine andere
wichtige Variante ist 5 DP Rayn. *Voill quem digatz.* — 8 DP
Rayn. Roch. *que tenon.*

Wir bemerken noch, dass Uc lo Brun, der Geliebte
Maria's, von Barbieri conte *della Mancoa* statt *de la Marcha*
genannt wird, und dass derselbe Name mit einer kleinen Variante,
ebenfalls mit Hinweis auf ,lib. Sic. Car. 2' unter den Dichtern
Namens I'c vorkommt: Uc Lo-brus conte della Manoha che

fu cavaliere di Madonna Maria da Ventadorno, di cui si leggono alquante canzoni nei libri provenzali. Der Ausdruck *di cui* ist zweidoutig, da es sich eben so gut auf Uc als auf Maria beziehen kann. Auch ist der Plural *alquante canzoni* zu bemerken. Wir kennen kein Gedicht von Uc,[1] und von Maria nur die Tenzono mit Gui d'Uisel. Dass Barbieri über Material verfügte, das uns nicht bewahrt wurde, ist nicht unmöglich; indessen können wir auch sagen: *di cui* bezieht sich auf Marie, und der Ausdruck über deren dichterische Production ist etwas vage gehalten.

Fol. 3—6.

Fol. 7. ELIAS CAIREL. Die belobende Biographie bei Rayn. V 141, und die aus A stammen dürfte, da die tadelnde (Mahn 42) in I und folglich auch in K sich findet. Zu bemerken ist, dass während die erste über Elias' Heimath nichts sagt, Barbieri doch bemerkt: E. C. fu de Peiragors; vgl. in I: si fo de Sarlat d'un boru de Peiregorc.

Fol. 8—37.

Fol. 38. BERTRAN DE BORN. Ein Auszug aus der kurzen Biographie bei Mahn 34, welche dem Anfange der grossen Biographie bei Rayn. V 76 entspricht.[2] Daran schliessen sich die bei LAsc. fol. 157 angeführten Worte.

Fol. 38. RAIMBAUT D'EIRA, che s'inteso in donna Sancha d'Aragon, la quale essendo per andarsene in Catalogna con Mad. nAudiarz, che ritornava a casa dopo la morte del signor di Marsiglia suo marito, Rainbaldo pregò nella sottoscritta stanza il conte di Provenza, che la ritenese in sua corte, cosi:

---

[1] Sollte Barbieri Uc Brunet für Maria's Verehrer gehalten haben?

[2] Es heisst da: sempre ebbe guerra col suoi vicini, nè mai lasciò stare in pace il re di Francia col re d'Ingbilterm, nè il conte de Poitou con il conte di Lemoges, nè il conte di Peiregors. Ein kleines Missverständnlss. Man wird es eher Barbieri als einem provenzalischen Texte zuschreiben.

Cons Proensal, si son vai dopna Sancha,
Nous tenrem mais per gaillart ni per pro
Tan com farem, al sai ab nos s'estancha
Nil faitz laissar per l'Proensa Arago
5 Queill dompna es bella e cortesa e francha
E genaera tota nostra maiso
Ben aia l'albres, don nais tan bella brancha
C'aital com tanh ad avinen raiso
Es de beutat brona vermeilla o blancha.

Ist nur in H, aber wie Bartsch bei Besprechung des
ersten Theiles von b (d. h. der Barbieri'schen Citate) schon
bemerkt, stimmen die zwei Texte nicht mit einander. So liest
H, von kleineren Varianten abgesehen: 2 *No vos tenrem tan
valen ni tan pro* 3 *Com fariam* 4 *Ella* 5 *coinda plaisens e
fr.* 6 *reio* 8 *faiso.*

Die Bestimmung der Verhältnisse dieser Hs. ist einiger-
maassen schwierig. Dass H in Betracht kommt, ist wegen der
Biographien von Guillem de Balaon und Maria de Ventadorn
sehr wahrscheinlich. Benützung von A dürfte aus der Biographie von Elias Cairel erschlossen werden; nur bliebe es
auffallend, dass Barbieri, wenn er diese reichhaltige Hs. gekannt hätte, sie nicht öfters benützt haben sollte. Die Fassung
der Strophe Raimbaut's d'Eira weist endlich auf eine bisher
unbekannte Hs. hin. [1]

---

[1] Wir wollen nicht unerwähnt lassen, dass auch im XI. Capitel, wo von
sicilianischen Dichtern die Rede ist, ein Libro Siciliano und zwar fol. 2,
4, 10, 23 erwähnt wird. Es ist wol nicht anzunehmen, dass Barbieri
provenzalische und sicilianische Gedichte untermischt haben wird; eher
lässt sich vermuthen, er habe zwei Heften die gleiche Bezeichnung
gegeben, wenn es auch schwer zu erklären ist, wie eine provenzalische
Sammlung zum Schlagworte ,Lib. Sicil.' kam.

E. Ohne Angabe der Handschrift.

I. PEIRE D'ALVERNHA. Als Beleg für *sou* und *mot*:

Cui bon vers agrad'auzir
Do mi consuill be qu' el cscout
Aquest qu'era comons'a dir,
Quo pos li er sos cors asis
Deu (Do? En?) ben entendrel son cls mots,
Ja non dira qu'el ais auzis
Meillors mots trobats luenh ni prop.

In C E R T V n. Gedruckt aus C und V mit zahlreichen Varianten.

II. ARNAUT DANIEL. Zu gleichem Zwecke wird angeführt:

Autet e bas entrels prims fueills
Son nou de flors els rams li renc,
E nol te mut bec ni gola
Nuills'auzels, ans brai e canta
5 Cadaus   on son us
Per joi c'ai d'els e del tems,
Chan mas amors mi acanra (l. asauta)
E vils (l. quels) mots ab lo son acorda.

A C D E H I K N. — C D E bieten nur ganz unwesentliche Varianten.

III. RAMBAUT DE VAQUEIRAS. Unter den Novellen des V. Capitels wird die Art erzählt, wie er der Beatritz seine Liebe gestand. Es wird die erste Strophe des in der Biographie erwähnten Liedes mitgetheilt.

Eram requer sa costum e son us
Amor, por cui planc e sospir e veill,
C'n la gensor del mon ai quist conseill
Em dits qu'ieu am tan aut com puesqu'en sus

5

La meillor dompna em met en sa fizansa,
C'onor e pretz m'er e pros e non dans;
E car ill es del mon la plus prezans
Ai mes on leis mon cor e m'esperansa.

Wir sahen oben das Geleit dieses Liedes aus LMich.
fol. 40—42 und werden desshalb annehmen, dass Barbieri
auch diese Strophe derselben IIs. entnahm.

IV. PEIRE VIDAL. Zweimal ist von ihm die Rede:
im V. und im X. Capitel. An letzterer Stelle werden drei
närrische Handlungen von ihm angeführt: der Wahn, Kaiser
zu sein; die Trauer um den Grafen Raimon; die Verkleidung
als Wolf.[1] Letztere Episode ist nur in EPR enthalten. Im
V. Capitel steht die Erzählung von dem geraubten Kusse. Die
Lösung wird folgendermassen erzählt: Imberral (= En Barrals),
che tanto l'amava e tanto si dilettava di lui che non ne
poteva star senza, foce e disse tanto con la moglie che
gl'impetrò pace e perdono e gli fece mandar grazia di tornare
in Provenza. Pietro Vidale, avuta la grazia, se ne tornò con
grande allegrezza, e giunto al cospetto di madi, nAlazais lo si
inginocchiò dinanzi e la pregò a volergli concedere in dono
il baccio, ch'egli le aveva imbolato, soggiungnendo che quando
nol volesse fare, egli era tutto presto di rendergliolo. Per
lo qual detto essendo ogni cosa rivolta in festa ed in solazzo,
la donna gli fece dono del baccio, ch'egli si aveva preso di
furto. Im provenzalischen Texte bittet Barral die Frau so,
qu'ela li perdonet lo fait del baizar e lui autreget en do. Erst
dann schickt Barral zu Peire; dieser kehrt wieder und wird
von Barral und Azalais mit grosser Freude empfangen (nur E
fügt noch hinzu: et autreget li lo baisar en do qu'el li avia
emblat). Ist die dramatischere, mit einer witzigen Pointe aus-
gestattete Darstellung nur eine Amplification von Barbieri,
oder entnahm er sie einem provenzalischen Texte? Wir wissen,
dass e die ausführliche Biographie Vidal's enthält; Bartsch
aber lehrt uns, dass dieser Text ‚ziemlich genau' mit E übereinstimmt; wir werden also wol annehmen müssen, dass Barbieri gegen sein sonstiges Verfahren sich hier eine kleine

---

[1] Blatt la Loba de Pennautier liest Barb. P. Nansier.

Ausschmückung erlaubt hat. Welcher seiner Hss. hat Barbieri
die Biographie entnommen? Die Beziehung zu c lässt uns an
L.Mich. denken; nur stossen wir hier auf eine äussere Schwierigkeit. Denn wenn es auch unzweifelhaft ist, dass Plà seine
Vidal-Sammlung aus mehreren Hss. zusammengestellt hat
(Bartsch wies nach, dass der grösste Theil der Lieder aus g
sein muss, welche Hs. doch keine Biographien enthält), so
findet sich dennoch in L.Mich. zum Unterbringen der umfang-
reichen Biographie und wenigstens einiger Lieder kein ge-
nügender Raum. Der Text der angeführten Strophe lautet:

> Pueis tornatz sni en Proensa
> Et a ma dona sap bo,
> Ben dei far bona chanso
> Sivals per reconoisenza,
> 5 C'ap servir et ab onrar
> Conquer hom de bon senhor
> Don o benfait et honor,
> Qui bel sap tener on car
> Per qu'ieu men vueill esforzar.

In fast allen Hss. Zu unserem Zwecke bemerken wir,
dass die Lesart 3 bona (sonst yaja) auch in C, die Lesart
9 vueill (sonst dei) auch in E vorkommt.

V. ARNAUT DE MAROILL. Im V. Capitel wird
über dessen Liebe zur Gräfin von Burlatz berichtet; König
Alfons bewirkt, dass sie ihm den Abschied gibt, worauf der
verzweifelte Dichter folgendes Lied dichtet:

> Molt eron dous mei consir
> E sos tot marrimen,
> Can la bella ab lo cors gen,
> Humil franqu'o debonaire
> Me dis de s'amor estraire,
> Don ieu nom puesc partir,
> E car ill nom rete
> Ni l'aus clamar merse,
> Pos de lieis joie mi sofranh,
> Tug solas mi son estranh.

In A B C D E F G I K M N R S c, Raimont Q.

5*

VI. GAUCELM FAIDIT. Wird im V. und X. Capitel erwähnt. An erster Stelle der Beginn der grösseren Biographie, welche der kürzeren entspricht. An zweiter Stelle die Fortsetzung der Biographie, welche über die Liebe des Dichters zu Maria von Ventadorn und die List der Dame Audiartz berichtet. Die erste Strophe beider angeführten Lieder wird mitgetheilt.

Wol ohne Zweifel aus 1.Mich.

VII. FOLQUET DE MARSELHA. Der Beginn und der Schluss der grösseren Biographie, der kleinen entsprechend. Perchè Monsignor Bembo parla di lui nelle sue prose come di dolcissimo poeta, non sarà se non bene gustare la sottoscritta sua canzone per un saggio della dolcezza delle sue rime. Es wird das Lied *Tan m'abelis* etc. vollständig mitgetheilt. Wir wollen es auch, den Vergleich mit anderen Hss. zu erleichtern (das Lied findet sich fast in allen), hieher setzen.

> Tan m'abelis l'amoros pensamnens,
> Que s'es vengutz en mon fin cor aaire,
> Que no i pot nuilla autra pena caber
> Ni mais negus no m'es dous ni plazens;
> C'adoncx viu sas can m'ansizal sospire
> E fin'amors m'aleuja mon martire
> Quem promet joi, mas trop lom dona len
> C'ap bel semblan m'a trainat lonjamen.
>
> Ben sai que tot can fauc es droit niens,
> Ieu qu'en puesc als s'amor mo vol aucire?
> C'az cssion m'a donat tal voler
> Que ja non er vencutz ni el no vens.
> Vencutz si er, qu'aucir m'an le consire
> Tot soavet, car da leis cui dezire
> Non ai secors, ni d'autra no l'aten,
> Ni d'autr'amor no puesc aver talen.
>
> Per so, dona, nous am saviamens,
> Car vos soi fis et a mon ops traire,
> E vos tom perdre e mi non puesc aver,
> Eus cug nozer e soi a mi nozens,

Per so mon mal nous aus mostrar ni diro,
Mas a l'esgart podetz mon cor devire;
Quieus cug dir, mas eras men repen
E port els hueills vergonla et ardimen.

Bona dona, sius platz, siatz sufrens
Del be qu'ieus vueill, qu'ieu soi del mal sufrire:
E pueis lo mals nom poira dan tener,
Ans or somblan quel partom engalmens:
E s'a vos platz qu'on autra part me vire,
Partes de vos la beautat el dous rire
El dous parlar que m'enfolis mon son;
Pueis partir m'ai de vos mon essien.

C'a totz jorns m'es plus bell'e plus plazens,
Per son vueill mal als hueills ab queus remiro,
Car no volgra jaus poguesson vezer,
C'a mon dan vezon trop sotilmens;
Mas dans non m'er, car sivals nom n'azire,
Ans es mos pros, dona, perqu'ieu m'albire,
Si m'ausizets, quo nous essara (l. est.) gen
Car lo mieu dan vostro er eissamen.

Trop vos am mais, dona, qu'ieu non sai dire
E si anc jorn aic d'autr'amor deziro
No m'en penat; car aus no? per un sen,
Car ai proat autrui captenemen.

Ves Nemze vai, chansos, qui ges n'azire,
Que gaug n'auran per lo mieu essien
Las tres donas, a cui ieu to prezen.

VIII. AIMERIC DE PEGUILHAN; fu di Tolosa, onde
partito per tema di nemicizie particolari et andatosene in Catalogna si introdusse in corte del re d'Aragon col favore di
Guglielmo di Berguedan. Ultimamente se ne venne in Lom-
bardia ricettato da Guglielmo Malaspina marchese, di cui disse
in una canzone:

Lo pros Guillem Malaspina auste
Joi e domnei cortezia o me.

Aus *Per solatz d'autrui chan soven.* Von den mir bekannten Texten haben B C D *Don e d.*, M aber *Joi.*

Daran schliesst Barbieri die bei LAsc. fol. 73 angeführte Stelle an.

IX. BERNART DE PRADAS, che cominciò una sua cansone:

> Sitot m'ai pres un pauc de dan,
> Per tan no scrai recrezens
> Qu'ieu no m'alegra e no chan
> Malgrat des janglos maldizens.

Nur in C, wo es aber Daude de Pradas zugeschrieben wird; nur das Register nennt den Dichter Bernart. Das Lied ist meines Wissens ungedruckt. Der erste Vers, wie ihn der Catalogue und Bartsch angeben, lautet in C: *mais pretz.* Wird gewiss im LMich. gestanden sein, dessen Verwandtschaft mit C wir constatirt haben.

X. GUI, EBLE e PEIRE, ELIAS loro cugino tutti cognominati D'UISEL da un loro castello, che avevano in Lemosino, tutti e quattro trovatori, che Guido faceva le buone canzoni u. s. w. nach der Biographie bei Rayn. V 175, welche in A B E I K P R a enthalten ist. Barbieri mag sie im LMich. gehabt haben.

Daran schliesst sich die Notiz über Elias, der seine Gäste mit Gedichten bewirthet, worüber GAUCELM FAIDIT die Cobla dichtete:

> Bon auria obs pans e vis
> A Caaluz, tant es sos umor,
> Merce del paubre trobador
> Qu'es manens de gabs o do ris,
> Que soi solatz son gran copas d'argen,
> Eill sirventes sogalas e formen,
> E sas causons es vestir vert ab var
> A lui sen en qui vol ben sojornar.

Nur in D H.[1] Ungedruckt.[2] D bietet mehrere Varianten.

---

[1] Nach Bartsch; denn in Grützmacher's Verzeichnisse steht es nicht.
[2] Bartsch gibt in seinem Verzeichnisse „R. 5, 143' an; bei Raynouard findet sich aber nur der erste Vers. Dagegen wird Elias' Antwort als unge-

XI. NA TIBORS fu una donna di Provenza d'un castello
dotto Saremom[1] che seppe dire in rima, e fece la seguente
stanza che mandò al suo amante:

Bels dous amics, ben vos puex en ver dir
Quo anc non fo, qu'ieu osses ses desir,
Pos vos conuc mius pris per fin amaire,
Ni anc no fui, qu'ieu non agues talan,
Bels dous amics, qu'ieu sovon nous vezes,
Ni anc no fo sasos que men pentis,
Ni anc no fo, si vos n'ancs Iratz,
Qu'ieu agues joi tro que fosetz tornatz.

Nur in H; daraus, oder vielmehr aus der Pariser Abschrift, bei Rayn. V 447 und Mahn 647. Der Text bei Barbieri ist derselbe, aber correcter. Im dritten Vers haben Rayn.
und Mahn: *Pos vos connex e ... per fin aman*. Da die Hälfte
des Blattes abgeschnitten ist, hält Rayn. die Strophe für das
Fragment eines Liodes. Barbieri dagegen ist der Meinung, es
handle sich nur um eine Cobla. Wir haben dem Gedichtchen
eine Stelle im Laleg., und zwar zwischen fol. 80 und 84,
zugewiesen.

F. Dichternamen.

Trovansi molti trovatori nobilisti, per così dire, come

Re Riccart d'Inghilterra A D I K N P S R f.
Jaufre Rudel conto di Blais; vgl. oben LMich.
Visconte di Saint Antonin; siehe unten Raimon Jordan.
Albert Marques A D I K M N R.
Dalfin d'Alvernho; vgl. oben Laleg.
Conte de Rodes A D H.

druckt bezeichnet, während diese an der angegebenen Stelle R. b, 143
gedruckt ist. — Bei dieser Gelegenheit berichtige ich meine Darstellung
in der Abhandlung über den Cod. Eat., wo ich diese Cobla als erste
Strophe eines Streitliedes bezeichnete. Auch meinte ich dort, Barbieri
müsse das Gedicht im LMich. gefunden haben; eine Vermuthung, die
sich jetzt als irrig erwebt.
[1] Der Herausgeber, Tiraboschi oder l'th. setzt zwischen Klammern *J. Seramon*
hinzu.

Conte de Blandra. So in H, nach Bartsch Graf von Flandern.

Conte de Provenza C D H I K N O T d.

Conte de Tolosa C D G H.

En Blacatz un gran Signore de Provenza. Iu violon Has.

De' quali tutti si leggono versi in rima, che si tralasciano per brevità, siccome ancora per la medesima cagione porremo nudamente questi altri senza ricordamento d' altra cosa che doi loro nomi o cognomi:

Ramberti de Bovalel A C D, je ein Lied auch in O S.

Giraut del Luc A D I K.

Augier de Vianes. Die Angabe der Heimath des Dichters findet sich in der Biographie, welche nur in I K enthalten ist. Vor den Liedern scheint nach Bartsch nur in F ein Mal Ugiers de Viena vorzukommen.

Bernart Marti, nur in C E; also wol in LMich.

Raimon Jordan ist Eins mit dem oben angeführten Visconto di Saint Antonin, dessen Lieder am häufigsten in A B C D I K vorkommen.

Rostanh Damergues C H.

Granet C F M H P R.

Jordan de Borneil de Cofolenc. Es gibt einen Jordan de Bonel oder de Borneil Creg. D E I K U einen Jordan de Cofolen C E.[1] Dass eine Verbindung dieser zwei Namen (bezeichnen sie wirklich zwei Dichter?) auch in a vorkommt, ist schon oben bemerkt worden.

Poire de Casals (Guillem). Fast ausschliesslich in C, doch eine Tenzone mit dem unmittelbar folgenden

Bernart de la Barta in C D E H M.

Perdigo. In sehr zahlreichen Has.

Poire Guillem. Es gibt einen von Luzern D F H I K und einen von Tolosa E M N O.

Rainaut de Ron, wol R. de Pons, von dem eine Tenzone in A D G I K L M Q.

---

[1] Bartsch führt einen dritten Dichter Jordan de Born an, mit Hinweis auf 428, 1. Unter dieser Nummer aber heisst es, ein Lied Rostanh's de Mergas werde vom Register von C dem Jordan Bonel zugeschrieben.

nAzemar de Poiteus. Bartsch führt ihn an unter A. lo P.
und setzt hinzu: ‚wol de Peiteus‘. Es gibt von ihm eine Tenzone mit Raimbaut de Vaqueiras C D E G I K M Q R. D nennt
ihn *de I*.

Faidit de Belostar (l. -antar) II T und Register von C.

Turca Valeis, wol T. Malec A D II I K.

Peire Peliasior G H.

Joannetz d' Albuisson U H. Die Deminutivform in II.

Carn et Ongla. Eine Tenzone zwischen dem Grafen von
Provence und seinem Pferde in II.

Marquos Lanza D H.

Nicolet de Torrin H.

Savaris de Manleo. Zwei Tenzonen von ihm in vielen
Hss.; Ein Lied in H (ein zweites wird ihm in R zugesprochen).

Berengiers de Palajol A C D E I K R; ein Lied auch in II.

Berengiers de Pois Ronges. Bloss in II, welches jedoch
Peizrengur schreibt.

Berengiers de Puivent. Bloss in II, welches Poiuuent
schreibt.

Aulivier de la Mar H.

Bonifaci de Castellana C M.

Duran sartre de Paernas M.

En Ozils de Cadals C D M R.

Fabres d' Uxel = Pons Fabre d' Uzes. In gleicher Form
wie bei Barbieri in M.

Gui Figers. Ist der schon oben erwähnte Guillem Figuora.
Die hier vorliegende Form in M.

Lantelmet de Aguillon M.

Montans Sartre M.

Peire Bremot Ricas novas. In vielen Hss., worunter M.

Peire Milo I K M N a d.

Peire de Blai M.

Peire Roger. In vielen Hss., worunter M.

Raimon de Tors de Marseilla M.

Le Trobaire de Villa Arnaut M.

Auch in diesem Verzeichnisse der nicht adeligen Dichter
lassen sich wenigstens zwei der benützten Hss., II und M,
deutlich erkennen. Von Faidit de Belestar bis Aulivier de la

6

Mar entnahm Barbieri seine Namen der Hs. H, und zwar verzeichnete er sie genau in der Ordnung, in welcher sie in seiner
Vorlage (abgesehen natürlich von den dazwischen liegenden
bekannteren und von ihm schon besprochenen Dichtern) vor-
fand. Von Bonifaci de Castellana an fängt eine Reihe von
Namen an, für die M die Quelle war; die aus dieser Hs. ge-
sammelten Namen verzeichnete dieses Mal Barbieri in alpha-
betischer Ordnung.

Zu D, Fol. 7. Nach freundlicher Mittheilung Bartsch's
stimmt A in der Biographie von Elias Cairel mit IK überein.
Meine Vermuthung über die Quelle der lobenden Biographie,
die sich auf die Angabe des Grundrisses stützte, dass eine
Lebensbeschreibung von Elias nur in AIK sich finde, war
demnach irrig. Welcher Hs. hat nun Rayn. die lobenden,
auch bei Barbieri vorkommenden Angaben entnommen?

www.ingramcontent.com/pod-product-compliance
Lightning Source LLC
Chambersburg PA
CBHW021627270326
41931CB00008B/900